国家社科基金青年项目（14CJL041）最终研究成果

国家社科基金丛书
GUOJIA SHEKE JIJIN CONGSHU

中国与世界主要国家(地区)研发效率：
测度方法、国际比较及影响因素

R&D Efficiency between China and Major Countries (Regions) :
Measurement, International Comparisons and Influencing Factors

程时雄　著

人民出版社

丛书策划:蒋茂凝
策划编辑:郑海燕
责任编辑:李甜甜
封面设计:石笑梦
版式设计:胡欣欣
责任校对:苏小昭

图书在版编目(CIP)数据

中国与世界主要国家(地区)研发效率:测度方法、国际比较及影响因素/程时雄
　著. —北京:人民出版社,2020.7
ISBN 978－7－01－022180－9

Ⅰ.①中⋯　Ⅱ.①程⋯　Ⅲ.①技术发展-研究-中国　Ⅳ.①F124.3

中国版本图书馆 CIP 数据核字(2020)第 095493 号

中国与世界主要国家(地区)研发效率:测度方法、国际比较及影响因素
ZHONGGUO YU SHIJIE ZHUYAO GUOJIA DIQU YANFA XIAOLÜ
CEDU FANGFA GUOJI BIJIAO JI YINGXIANG YINSU

程时雄　著

人民出版社 出版发行
(100706　北京市东城区隆福寺街 99 号)

北京汇林印务有限公司印刷　新华书店经销

2020 年 7 月第 1 版　2020 年 7 月第 1 次印刷
开本:710 毫米×1000 毫米 1/16　印张:14.5
字数:200 千字

ISBN 978－7－01－022180－9　定价:62.00 元

邮购地址 100706　北京市东城区隆福寺街 99 号
人民东方图书销售中心　电话 (010)65250042　65289539

目　　录

绪　　论

一、提高中国研发效率的必要性和紧迫性

创新及增长经济学的研究表明,创新及由此导致的生产率增长是长期经济增长的重要因素之一。研发活动的主要目的是创造知识和技术,它已成为创新活动的不竭动力和重要源泉。大多数经济体特别是发达经济体都十分重视研发活动在创新和生产率增长中的重要作用,试图通过不断加大研发投入获得源源不断的技术进步,试图通过占领世界技术制高点获得长期稳定的经济增长,最终提升一国的科技水平和综合实力。

自第一次工业革命以来,科学技术对经济社会发展的重要性愈发被世界各国的政界和学界所关注。200多年来,科学技术在经济社会发展中所起到的作用充分证明了"科学技术是第一生产力"。从某些方面来看,科学技术水平已经决定了经济发展的速度和一国的国际社会地位,许多国家甚至将科技发展定为基本国策,试图以其科技创新能力在国际竞争中获得先发优势。18世纪末,英国借助第一次工业革命超越荷兰成为世界第一经济强国;一个世纪后,美国和德国借助第二次工业革命在技术上取代了英国的统治地位,美国更是借助第三次工业革命,成为世界超级大国;20世纪70年代末,日本通过技术赶超战略超越德国成为世界第二大经济体。以史为鉴,中国也应学习技术领先国家的经验,大力加速科技发展,逐步缩小与技术领先国家的技术差距,

最终实现从科技大国到科技强国的转变。

新中国成立以来,历代国家领导集体都十分关注科技的发展。1956 年 1 月,在全国知识分子问题会议上,以毛泽东同志为核心的党的第一代中央领导集体发出了"向科学进军"的号召。1978 年 3 月 18 日,邓小平同志在全国科学大会上旗帜鲜明地提出:"科学技术是生产力"①,这是他首次把科学技术和生产力紧密地联系在一起。1988 年,邓小平同志又指出"科学技术是第一生产力"②,并签署了国家高技术研究发展计划。进入 20 世纪 90 年代,以江泽民同志为核心的党的第三代中央领导集体提出了科教兴国战略,并开创性地提出科学技术的本质是创新,认为"科技创新越来越成为当今社会生产力解放和发展的重要基础和标志,越来越决定着一个国家、一个民族的发展进程"③。2006 年 1 月,胡锦涛同志在全国科学技术大会上宣布,"中国未来 15 年科学技术的发展目标是到 2020 年建成创新型国家,使科技发展成为经济社会发展的有力支撑"④。2012 年 11 月,召开的党的十八大明确提出"科技创新是提高社会生产力和综合国力的战略支撑,必须摆在国家发展全局的核心位置"⑤,强调要坚持走中国特色自主创新道路、实施创新驱动发展战略。2013 年 7 月,习近平总书记也曾指出:"党的十八大提出实施创新驱动发展战略,强调科技创新是提高社会生产力和综合国力的战略支撑,必须摆在国家发展全局的核心位置。我们要实现全面建成小康社会奋斗目标,实现中华民族伟大复兴,必须集中力量推进科技创新,真正把创新驱动发展战略落到实处。"⑥2016 年 8 月,国务院颁布的《"十三五"国家科技创新规划》提出了"十

---

① 《邓小平文选》第二卷,人民出版社 1994 年版,第 87 页。
② 《邓小平文选》第三卷,人民出版社 1993 年版,第 274 页。
③ 《江泽民文选》第二卷,人民出版社 2006 年版,第 392 页。
④ 胡锦涛:《坚持走中国特色自主创新道路 为建设创新型国家而努力奋斗——在全国科学技术大会上的讲话(2006 年 1 月 9 日)》,人民出版社 2006 年版,第 4 页。
⑤ 《习近平谈治国理政》第一卷,外文出版社 2018 年版,第 119 页。
⑥ 中共中央文献研究室编:《习近平关于科技创新论述摘编》,中央文献出版社 2016 年版,第 23 页。

三五"时期是全面建成小康社会和进入创新型国家行列的决胜阶段,是深入实施创新驱动发展战略、全面深化科技体制改革的关键时期。2017 年,党的十九大首次提出"高质量发展"的概念,"高质量发展"意味着我国经济目前已经由高速增长阶段转向高质量发展阶段,"高质量发展"的重要内涵之一就是要实现创新驱动,当前我国还存在一些关键核心技术的"卡脖子"问题,关键技术、核心技术受制于人的现象依然存在。中国必须牢牢把握工业革命带来的机遇,站在科技创新的制高点,才能更好赢得发展的主动权和话语权,才能为高质量发展提供战略支撑。

从目前来看,"中国科技创新步入以跟踪为主转向跟踪和并跑、领跑并存的新阶段,正处于从量的积累向质的飞跃、从点的突破向系统能力提升的重要时期,在国家发展全局中的核心位置更加凸显,在全球创新版图中的位势进一步提升,已成为具有重要影响力的科技大国"①。一般而言,技术创新水平的提升渠道有两种:一种是自主研发(自主创新);另一种是技术引进,也就是我们通常提的"引进、消化、吸收、再创新"。两种渠道都需要一国自身具备一定的技术吸收能力,也需要自身具备一定的研发基础,特别是研发经费和高技术人员的投入。因此,中国的科技发展战略的一个基本核心就是不断加大科技方面的投入,以此来驱动生产率的提升。

从投入来看,中国的科技投入显示出了中国在科技方面具备强劲的发展前景。图 0-1 和图 0-2 为中国 2005 — 2018 年间研究与发展(Research and Development,R&D)经费支出(研发经费支出)图和研发经费投入强度图,2018 年,中国研发经费支出 19677.9 亿元,研发经费投入强度(与国内生产总值之比)为 2.19%;而 2010 年,中国研发经费支出为 7062.6 亿元,研发经费投入强度(与国内生产总值之比)为 1.76%,9 年间研发经费支出增长了近 3 倍,研发

---

① 《国务院关于印发"十三五"国家科技创新规划的通知》(国发〔2016〕43 号),中华人民共和国中央政府网站,http://www.gov.cn/zhengce/content/2016-08/08/content_5098072.htm。

经费投入强度增长了近 0.43 个百分点。①

（单位：亿元）

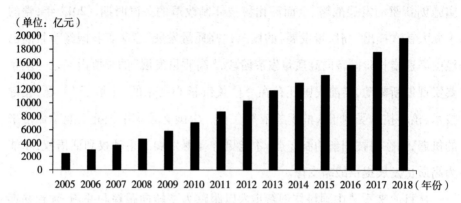

图 0-1　中国研发经费支出（2005—2018 年）

（单位：%）

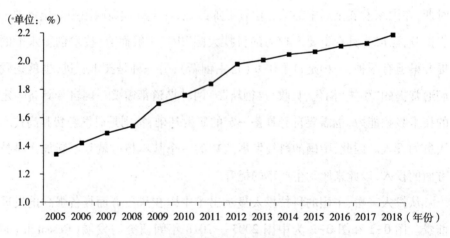

图 0-2　中国研发经费投入强度（2005—2018 年）

　　从研发产出来看，中国的科技研发产出也进步明显。中国国际科技论文数在 2018 年居于世界第二位，论文被引用数也上升到世界第二位；全国技术合同成交金额高达 17697.42 亿元；国家综合创新能力跻身世界第 17 位②；科

---

　　①　国家统计局、科学技术部、财政部：《2018 年全国科技经费投入统计公报》，中华人民共和国科学技术部网站，http://www.most.gov.cn/kjbgz/201909/t20190903_148573.htm。

　　②　中国科学技术发展战略研究院：《国家创新指数报告 2018》，科学技术文献出版社 2018 年版，第 51 页。

技进步对经济增长的贡献率从 2010 年的 50.9% 提高到 2018 年的 58.5%。但与此同时,从与发达国家比较的角度来看,中国的科技产出情况虽然在数量上占有一定的优势,但是在质量上仍然与发达国家有一定的差距。如 2008—2018 年间,中国平均每篇论文被引用 10.00 次,而美国为 17.88 次、德国为16.74 次、英国为 18.39 次;2018 年,中国虽然是世界上专利申请数量最多的国家,但国际专利申请量只占全球申请总数的 21%。这些数据表明,中国的科技产出在绩效上仍须加强。虽然中国已经在科技创新方面取得了明显的进步,但是薄弱的科技基础使得中国的创新能力特别是原创能力与发达国家相比还有很大差距,在很多关键领域及核心技术上中国还处于受制于人的境地。

在中国实施创新驱动发展战略、支撑供给侧结构性改革、大力推进以科技创新为核心的全面创新的大背景下,提升中国的科技创新能力,已成为带动中国经济社会发展,建成世界科技强国,实现"两个一百年"奋斗目标和中华民族伟大复兴中国梦的先决条件。

从世界范围来看,各国技术发展不平衡的趋势仍未改变。第二次工业革命以来,美国依靠其强大的经济实力和技术水平一直雄踞世界领先地位;而与此同时,非洲一些农业国家仍然没有实现产业升级,它们以农业为主导的经济结构从未改变。在第二次世界大战结束后的几十年里,世界主要国家之间的技术差距并未缩小,反而呈现出不断扩大的趋势,造成这一现象的根本原因究竟是什么呢? 目前学术界对这一问题的研究并不充分,大多数研究都侧重于一国如何通过生产率的提高促进其经济增长。但如果只追求生产率的提高,根据罗默(Romer,1986)的内生经济增长理论[1],只需要增加研发投入便可实现一国的生产率增长。但关键的问题是,如果只需要加大研发投入便能实现一国的生产率和经济的增长,那么这一法则为什么不能放之四海而皆准呢? 为什么部分贫困国的政府不能通过增加研发投入来实现经济增长呢? 我们认

---

① Romer P.M.,"Increasing Returns and Long-Run Growth",*Journal of Political Economy*,Vol.94,No.5,1986,pp.407-437.

为,大部分学者忽视研发资源利用效率在经济增长中的重要作用。关注中国研发资源利用效率问题,对新常态下中国创新驱动发展战略的深入实施及中国经济的高质量发展无疑是十分必要和紧迫的。

二、研发效率研究的现实和理论意义

(一) 现实意义

第一,对研发效率的研究有利于从国际视角明确中国的研发效率发展现状。"十一五"期间,中国提出了建设创新型国家的发展战略;"十二五"期间,中国又提出了创新驱动发展的战略举措;"十三五"期间,中国提出要加速迈进创新型国家行列,加快建设世界科技强国。无论是创新型国家的建设,还是创新驱动发展战略的实施,都依赖于核心技术的进步和升级。目前来看,无论是学术界还是政府决策部门往往都较关注如何提高技术水平来带动经济发展,而技术水平的提高离不开研发的投入,研发资本和研发人员作为重要科技投入,其投入—产出效率也是决定中国技术水平提升的关键因素。本书的研究有利于深化对研发效率的认识,明确中国的研发效率发展现状,明确中国与世界主要国家相比,中国的研发效率究竟处于什么水平,更有利于创新驱动发展战略和建设创新型国家等一系列国家重大发展战略深入实施。

第二,对研发效率的研究有利于政府决策部门合理地配置研发资源。研发实力的提升离不开研发资源的有效配置,中国的研发资源众多,研发主体也多样化,从国家到各省份都有相应的研发管理部门,以及众多的高校和科研院所。以国有企业为代表的大量研发投入和以私有企业为代表的小型创新研发都支撑着中国的国家创新体系。在中国的国家创新体系中,最重要的一点是研发经费的投入。中国的研发经费数量庞大,但由于各方面的原因,存在着研发资源的不合理利用等一系列问题。另外,虽然中国研发经费数量庞大,但也毕竟是有限的,如何将研发资源投入更能发挥效率的地方,这是我们必须要解决的问题。研发资源的优化配置、研发经费的合理使用对于中国这样的一个发展中大国来说无疑具有重要的意义。研发资源的合理配置一方面可以使得经济社会成本降低，另一方面还可以充分地带动研发产出。因此将研发资源配置到更能发挥效率的行业和省份，对中国创新驱动发展战略的实施无疑有着重要的现实意义。如果研发资源得不到合理配置，一方面将使得中国财政经费支出利用不合理，另一方面也会使得中国的生产效率低下。

第三，对研发效率的研究有利于检验中国过去几十年来的创新驱动发展战略成效，一直以来，不少国外学者认为中国取得的经济奇迹主要是依靠生产要素驱动，创新对中国过去经济增长的拉动作用很小。通过对中国与世界主要国家在研发资源上的利用效率及研发在经济增长中的贡献率进行比较，可以明确中国在过去几十年间研发效率或者研发的贡献率究竟如何，可以明确中国的创新驱动发展战略成效。

第四，对研发效率的研究有利于使中国从创新大国转变为创新强国。目前，中国的研发产出从数量上来讲已经具备了一定的优势；但是从质量上来讲中国的研发产出是否有优势，又有什么因素制约了中国研发产出的提升，明确这一点无疑具有非常重要的现实意义。通过本书的研究，找出制约研发效率提升的主要因素，找出对研发效率提升有重要促进作用的因素及对研发效率提升有阻碍作用的因素，便可做到在提升研发效率时有的放矢。

（二）理论意义

第一，对研发效率的研究有利于深化对研发效率测度方法和理论的认识。目前有关生产率的测度方法有许多种，如索洛余项（Solow Residual）方法、指数方法、前沿生产函数方法；但有关系统性论述研发效率测度方法的研究较少。目前虽有少量测度研发效率的文献，但绝大多数文献都仅选择用其中一种方法来测度研发效率，而只通过一种测度方法并不能全面地了解中国与世界主要国家的研发效率现状，本书借鉴生产率的测度方法来测度研发效率，综合运用各种方法进行比较分析,并比较这些测度方法的优劣及其准确性,进而测度中国与世界主要国家的研发效率再对其进行国际比较,力图为国家层面和行业层面的研发效率测度理论提供一定的实证上的证据。同时,本书还对现有研发效率测度方法进行了改进和深化,这些有助于我们更好地扩展现有研发效率测度方法。

第二,对研发效率的研究有利于深化对新经济增长理论的认识。新经济增长理论将技术内生为决定生产率增长并决定长期经济增长的关键因素。新经济增长理论强调生产率的增长由研发投入决定,但是研发投入带来生产率增长又涉及研发效率、科技成果转化率等一系列问题,这些问题在新经济增长理论中较少涉及。同时,新经济增长理论成立的假设前提都是研发效率不存在显著差异,如果研发效率在各国之间特别是后发国家和技术前沿国家之间存在显著差异,则研发投入导致的全要素生产率增长率和经济增长率在各国之间也存在差异,那么这些理论是否仍然能成立呢? 通过对研发效率这一问题的研究有利于深化对新经济增长理论的认识。

第三,对研发效率的研究有助于深化对后发优势理论等经济理论的认识。后发优势理论认为后发国家能够以较低的成本引进先进国家的技术,那么技术后发国家引进技术成本较低的成因是什么;是否体现在研发效率差异上;后发国家研发的较少投入是否能带来与技术领先国家较大的技术差距的缩小,甚至赶超技术领先国家;后发优势的源泉是什么,这些都是后发优势理论中较少涉及的,通过对研发效率这一问题的研究有利于深化对后发优势理论的认识。

第四,对研发效率的研究可以给经济发展理论提供中国的数据样本。中国作为一个发展中大国,改革开放四十多年取得了举世瞩目的成就,但相关研究中从研发方面对这一成就的源泉进行理论性阐释的仍然较少,与发达国家相比,中国的生产率驱动经济增长依赖的究竟是研发要素投入还是引进消化吸收的创新;中国在研发投入提升的同时,其研发效率是否也在提升;影响中国研发效率的因素是什么;等等,对研发效率相关问题的研究可以为相关理论提供中国的经验证据。

三、国内外研究综述

(一) 研发效率测度方法

测度研发效率首先要明确研发效率的概念,目前而言,对研发效率尚未有统一的定义,但有对生产率的定义,其度量方法也比较成熟。由于研发效率和生产率都反映了投入变量和产出变量之间的内在联系,因此研发效率的定义可以以生产率的定义为依据,根据《新帕尔格雷夫经济学大辞典》的定义,"生产率(Productivity)是指产出的某种度量与所用投入的某种度量之比"[①]。选择不同投入进行研究,生产率有相应的经济含义不同的度量指标。广义上可区分为单要素生产率(Single Factor Productivity,SFP)和全要素生产率(Total Factor Productivity,TFP)。单要素生产率表示单个投入要素与产出之间的数量关系,一般而言包括劳动生产率和资本生产率两种;全要素生产率则表示单位劳动和资本复合要素带来的产出价值。阿尔克(Ark,1996)指出全要素生产率的概念不再受限于简单的生产函数,那么,根据索洛的经济增长理论,全要素生产率是指除各种生产投入要素(如资本、劳动、能源、自然资源等)贡献之外的,由技术进步、技术效率、管理创新、社会经济制度等因素所导致的产出增加。类比生产率,本书也可将研发效率定义为研发产出的某种度量与研发投入的某种度量之比,并将其区分为单要素研发效率和全要素研发效率,单要素研发效率被定义为某单个研发投入要素与产出之间的数量关系,一般而言包括劳动研发效率和资本研发效率两种;全要素研发效率则被定义为单位劳动和资本等复合要素带来的研发产出价值的度量。

---

① [英]约翰·伊特韦尔等编:《新帕尔格雷夫经济学大辞典》第四卷,刘登翰译,经济科学出版社1996年版,第152页。

　　生产率的测度方法目前而言比较成熟,主要的生产率测度方法可以归类为三种:一是索洛余值方法;二是指数方法;三是前沿生产函数方法。国内外大多数机构和组织基本都使用这三种方法来测度各国及各行业间的生产率。有很多机构定期发布生产率数据,主要有欧盟委员会研究总局、经济合作与发展组织(OECD)国家的统计部门、格罗宁根大学的格罗宁根增长和发展中心(Groningen Growth and Development Centre)。欧盟委员会研究总局会定期发布欧盟国家的有关生产率及其跨国比较的数据,并同时发布测度生产率所需的总产出、资本形成、雇佣人员数、技术改变等指标。但可惜的是,由于数据缺失和测度方法等问题,欧盟委员会研究总局并未统计行业层面生产率的数据。OECD 国家的统计部门公布了 OECD 各国国家层面和部分国家部分行业的生产率数据和增长率数据,并在生产率测度方面作出了许多基础性的研究,提供了很多极具参考价值的数据。格罗宁根大学的格罗宁根增长和发展中心也发布了 OECD 的 30 多个国家的生产率跨国比较的数据库,但与 OECD 国家的统计部门不同的是,格罗宁根增长和发展中心主要是描述产出、投入和细分行业的生产率水平的跨国数据。无论是欧盟委员会研究总局、OECD 国家的统计部门,还是格罗宁根增长和发展中心都是使用指数方法测度生产率,使用基于埃尔特科—科夫斯—祖尔茨(Elteko-Koves-Szulc,E-K-S)算法构造的可传递性的 Törnqvist 指数[①]测度技术差距,但是它们构造可比较的总产出、资本存量和劳动投入等变量方法有一定的差异。以上都是对生产率的相关研究,但对于研发效率而言,到目前为止并没有专门的机构发布其指标和数据,只有少量的研究基于不同样本测度了研发效率。

　　研发效率测度研究一般都是基于格里利克斯(Griliches,1979)所构建的知识生产函数的分析框架,其测度方法也和生产率的测度方法类似,主要分为:索洛余值方法、指数方法和前沿生产函数方法,其中前沿生产函数方法又

---

　　①　关于 Törnqvist 指数,目前仍没有统一的翻译,因此我们使用原文表述。

可以分为数据包络分析（Data Envelope Analysis，DEA）方法和随机前沿分析（SFA）方法。运用指数方法测度研发效率的文献有：托马斯等（Thomas 等，2011）使用超越指数方法分析了美国 50 个州研发效率的差异。陈质平等（Chen Chiang-ping 等，2013）运用卢恩贝格（Luenberger）研发生产率改变指数，将研发效率增长分解研发效率改变（赶超效应）和研发技术改变（创新效应）后发现，研发效率增长主要是由创新效应产生的。由于指数方法在测度研发效率时需要具体的价格信息，在考虑到数据可得性及测度结果准确性后，DEA 方法被广泛使用，DEA 方法主要有规模报酬不变的 DEA 模型（DEA-CCR），提出人为查恩斯等（Charnes 等，1978）；规模报酬可变的 DEA 模型（DEA-BCC），提出人为班克等（Banker 等，1984）；基于松弛的 DEA 模型（DEA-SBM），提出人为图恩（Tone，2001）。沙玛和托马斯（Sharma 和 Thomas，2008）使用 DEA-BCC 和 DEA-CCR 模型分析了世界主要国家的研发效率，得出了日本、韩国、中国处于 CRS 技术前沿面，日本、韩国、中国、印度、斯洛文尼亚和匈牙利处于规模报酬可变技术前沿面。卢梭（Rousseau，1997、1998）使用 DEA-CCR 模型分析欧洲主要国家的研发效率。同时，一些学者使用了 DEA 及其拓展方法进行分析，例如埃里克·王和黄维乔（Eric Wang 和 Huang Weichiao，2007）使用三阶段 DEA 方法分析了世界 30 个国家的研发效率，并引入了环境影响因素（高等教育入学率、电脑密度和英语背景）进行分析；科尔曼（Cullmann，2010）使用两阶段半参数 DEA 方法分析了市场进入壁垒对研发效率的影响；官建成和左凯瑞（Guan Jiancheng 和 Zuo Kairui，2014）运用网络 DEA 方法研究了研发效率的跨国比较；陈凯华等（Chen Kaihua 等，2017）使用动态 DEA 方法分析中国区域间研发效率。

但 DEA 方法也有一定的缺陷，特别是一般只能用两步估计法分析其影响因素：第一步应用随机前沿生产模型估计出企业的技术效率；第二步应用托比特（Tobit）或者洛吉特（Logit）方法对所得的技术效率指数对与企业特征有关的变量回归，找出影响技术效率差异的外生性因素。两步估计法的缺陷在于，首先在估计随机前沿生产模型时，假定技术非效率指数 u 独立于要素投入变量 x，若不独立，估计量不具有一致性。而在第二步估计中却设定 u 并非独立，而取决于一系列外生变量 z。但事实上反映企业特征的外生变量 z 与企业要素投入变量 x 之间并不能保证不会高度相关。若两者高度相关，得出的结果可能与实际不符，甚至完全相反。[①] 为了消除这种测量误差的影响，随机前沿分析方法使用得越来越多。[②]

随机前沿分析方法比 DEA 方法更进一步，它不仅可以比较决策单元技术水平的差异，还能更进一步探寻技术效率出现差距的原因。埃里克·王（Eric Wang，2007）运用 SFA 方法使用世界 30 个国家的面板数据分析了经济自由度、个人电脑密度和政府研发支出比例等对研发效率的影响。洪泂等（Hong Jiong 等，2016）运用 SFA 方法分析了中国 17 个高技术行业在 2001—2011 年间政府拨款是否促进了中国高技术产业的研发效率增长。

（二） 国家层面的研发效率研究

一般而言，学者们都倾向于利用国家层面的数据来分析各个国家的研发效率。如纳西尔洛夫斯基和阿塞卢斯（Nasierowski 和 Arcelus，2003）使用 DEA 方法对 45 个国家的研发效率进行测算和分解，研究发现不少国家的研发效率严重影响生产率的变化。埃里克·王和黄维乔（2007）利用三阶段 DEA 方法对 30 个国家的创新效率进行了测算，在将专利、科学引文索引（Scientific Citation Index，SCI）和工程索引（Engineering Index，EI）论文发表数目作为研发产出变量时，发现只有少数国家能够实现技术有效，而多数国家专利产出比SCI 和 EI 产出要少。埃里克·王（2007）对 1998—2002 年 30 个国家的研发

① Fritsch, Michael and Viktor Slavtchev, "How Does Industry Specialization Affect the Efficiency of Regional Innovation Systems?", *The Annals of Regional Science*, Vol. 45, No. 1, 2010, pp.87-108.

② Bai, Junhong, "On Regional Innovation Efficiency: Evidence from Panel Data of China's Different Provinces", *Regional Studies*, Vol.47, No.3, 2013, pp.773-788.

相对效率和经济绩效进行了分析,他应用随机前沿分析方法,研究表明人均收入水平会正向影响相对研发效率。肖静等(2009)应用超效率 DEA 方法对 2002—2004 年间的中国、韩国等十个国家的研发投入和产出数据进行跨国比较,研究发现中国的研发效率比 G8 国家和日韩两国低。官建成和何颖(2009)主要应用创新三阶段模型分析了中国和 20 个 OECD 国家的研发效率,实证结果表明,中国与 OECD 国家的研发效率差距在缩小,但是中国的转化效率仍然低于 OECD 国家的平均水平。陈凯华等(2011)利用随机前沿分析方法研究了 1998—2005 年间 24 个国家的研发效率及其国家创新系统的影响因素,实证发现德国、爱尔兰等国拥有较高的研发效率,转型经济体的研发效率普遍不高。除了大部分研究集中于世界主要国家外,也有部分学者从一国之内的角度进行分析,如弗里茨和斯拉夫切夫(Fritsch 和 Slavtchev,2010)以及布勒克尔(Broekel,2012、2015)主要研究了德国的区域研发效率。官建成和陈凯华(2010)、陈凯华等(2017)、陈凯华和寇明婷(2014)、李永军等(2014)主要关注中国区域间研发效率。托马斯等(2011)主要分析美国的研发效率。

但国家层面的研究中,站在中国视角上进行国际比较的研究较少,主要研究有:官建成和左凯瑞(2014)比较了世界主要国家的研发效率,罗亚非(2010)在建立合理的投入和产出指标体系的基础上,同样运用超效率 DEA 方法,对各国 1998—2005 年的研发创新实践进行效率评价。钟祖昌(2011)在将三阶段 DEA 模型和 SBM 模型相结合的基础上,将随机冲击和外部环境因素对效率测量的影响融入模型,测度并比较了 2001—2008 年 30 个 OECD 国家加上中国的研发效率。

(三) 行业层面的研发效率研究

也有部分学者的研究基于行业层面展开,如闫冰和冯根福(2005)用随机前沿分析方法测算了 1998—2002 年中国工业领域 37 个行业的研发效率,研究表明中国工业总体上研发效率较低。冯根福(2005)更进一步探究了研发效率的影响因素,发现研发效率可能与研发投入、行业竞争强度、市场结构等有关。陈则聪和徐钟秀(2006)采用超效率 DEA 方法测算了 1994—2003 年中国制造业的研发效率值,并检验了影响企业研发效率的因素,研究结果表明:规模、行业技术水平、创新管理对企业研发效率有正向影响,市场竞争程度对企业创新效率有负向影响。朱有为和徐康宁(2006)将研究聚焦在中国高技术产业的研发效率上,发现虽然中国高技术产业的研发效率低下,但与其他行业间的研发效率差距正在缩小。罗亚非和焦玉灿(2007)采用 DEA 方法分析了中国制药业研发效率,研究结果表明:企业规模偏小、专利产出不足以及资源利用率较低等原因造成中国制药业研发的低效率。

(四) 研发效率影响因素研究

有关研发效率的影响因素研究,从国内外现有的研究来看,有部分学者分析了一种主要因素的影响,诸如政府研发补贴①、社会网络②、产品市场管制③等因素。张安明等(2003)认为企业所有制是影响研发效率的重要因素,他分析了中国多个行业的研发效率数据,发现在不同所有制形式的企业中,国有企业的研发效率低于非国有企业;在非国有企业中,外资企业比国内集体企业和股份公司有更高的研发效率。赵世勇(2006)同样认为企业所有制,也就是产权结构会影响企业研发效率,他利用第二次全国普查中的制造业数据得出了和张安明等(2003)类似的结论。科埃利(Coelli,2006)发现出口政策会影响高技术产业的研发效率。还有的学者分析了几种因素对研发效率的影响,诸

---

① Guo,Di,Yan Guo,and Kun Jiang,"Government‐subsidized R&D and Firm Innovation:Evidence from China",*Research Policy*,Vol.45,No.6,2016,pp.1129–1144.

② Guan Jiancheng,et al.,"Does Country‐level R&D Efficiency Benefit from the Collaboration Network Structure?",*Research Policy*,Vol.45,No.4,2016,pp.770–784.

③ Franco,Chiara,Fabio Pieri,and Francesco Venturini,"Product Market Regulation and Innovation Efficiency",*Journal of Productivity Analysis*,Vol.45,No.3,2016,pp.299–315.

如经济自由度、电脑普及率和政府研发支出比例(埃里克·王,2007);大学入学率、电脑普及率和该国是否以英语为官方语言等因素对研发效率的影响(埃里克·王和黄维乔,2007)。朱有为和徐康宁(2006)考察了企业规模、市场结构和所有权结构等因素对研发效率的影响,研究结果发现企业规模和市场竞争程度对研发效率有显著的正向影响,外商投资企业和国有企业比重对研发效率也有正向影响,但外商投资企业对研发效率的贡献程度更高。胡立新(2008)以医药上市公司为例,对影响医药行业上市公司研发的投入—产出效率的因素进行了分析,研究发现,企业规模在一定程度上影响了研发效率。陈修德和梁彤缨(2010)以2000—2007年中国高新技术产业研发活动为研究对象,分别建立不考虑和考虑影响因素的面板数据随机前沿生产函数(SFPF)模型对研发中间产出效率与最终产出效率进行测算,研究发现,市场结构、企业规模、企业所有制等诸多因素影响了中国高新技术产业研发效率。

但总结上述文献可以看出,国家层面研究中比较中国与世界主要国家研发效率的文献较少,行业层面研究中几乎没有研究关注中国与世界主要国家研发效率的比较问题。同时,在现有文献中,系统性地论述研发效率影响因素的文献更少,很少有学者对此进行论述,只是找出其中一种或几种因素进行分析。另外,部分学者的研究样本容量太少,只是基于一国的样本出发进行研究,得出的结论可能也并不能完全反映研发效率的发展现状及其影响因素。本书的研究试图弥补这些问题,对研发效率的比较及影响因素的研究提出理论和实证上的证据,为中国研发效率的提升提出行之有效的解决方法。

四、本书的基本内容和创新点

(一) 本书的基本内容

本书的基本内容按照研发效率的概念及测度方法—测度及国际比较—影响因素三大部分展开。

第一部分为研发效率的相关概念和测度方法的介绍，其中，第一章在明晰研发的相关基本概念的基础上，阐明本书的理论基础。第二章介绍测度研发效率的基本研究框架和一些主要方法（基于研发回报率的计量分析、单要素研发效率法、增长核算法、综合指数法、非参数方法——自由可处置分析、非参数方法——数据包络分析和参数方法——随机前沿分析）。

第二部分主要为国家和行业层面研发效率的测度及国际比较，这一部分在利用第一部分所介绍的方法基础上，构造相关数据，测度国家和行业层面研发效率，其主要内容如下。

第三章主要内容为国家层面研发效率面板数据构造。其中概括为以下几点内容：第一，对中国与世界主要国家相关变量的数据来源及统计口径差异进行介绍。第二，基于可比性原则按购买力平价指数、行业归并统一等处理方法从国家层面对相关投入—产出数据进行调整和构造。第三，汇总得到可用于国际比较的国家层面的投入—产出面板数据。

第四章主要内容为国家层面研发效率测度及国际比较。其中主要内容概括为以下两点：第一，利用第一部分的方法和第二部分得到的国家层面数据，运用超效率 DEA 模型和 DEA–曼奎斯特（Malmquist）指数等方法来测度研发效率。第二，将中国的研发效率和世界主要国家、金砖五国、七国集团等进行动态比较。

第五章主要阐释行业层面研发效率面板数据构造。主要内容为：第一，对中国与世界主要国家相关变量的数据来源及统计口径差异进行介绍。第二，基于可比性原则按汇率及购买力平价指数、行业归并统一等处理方法从行业层面对相关投入—产出数据进行调整和构造。第三，汇总得到可用于国际比较的行业层面的投入—产出面板数据。

第六章为行业层面研发效率测度及国际比较。主要内容为：第一，利用第一部分的方法和第二部分的数据来测度按国际标准产业分类标准（ISIC）划分的各行业研发效率。第二，运用对中国与世界主要国家行业层面的研发效率进行国际比较,分析各行业之间的差异。

第三部分为研发效率影响因素分析篇,利用第一部分的方法和第二部分所构造的数据,对研发效率的相关影响因素进行理论构造和实证检验,其主要内容如下。

第七章为研发效率影响因素理论分析。主要内容为:第一,利用知识扩散理论、社会能力和吸收能力理论、技术能力理论、技术赶超理论等相关理论,构建研发效率影响因素的基本理论。第二,从研发效率影响因素的基本理论中,归纳总结出研发效率的影响因素。

第八章为国家层面研发效率影响因素实证分析。主要内容为:第一,利用测得的研发效率数据实证分析国际贸易、互联网发展、人力资本、产业发展、研发经费结构、语言距离、国家实力等变量对国家层面研发效率的影响。第二,分析各影响因素作用的大小和机制,找出对国家研发效率起决定性作用的影响因素。

第九章为行业层面研发效率影响因素实证分析。主要内容为:第一,从数据可获得性角度出发,利用行业层面的研发资本强度、研发人员强度、进口密集度、出口密集度等行业特征因素分析行业层面的研发效率的影响因素。第二,分析各影响因素作用的大小和机制,找出对行业研发效率起决定性作用的影响因素。

第十章为提升中国研发效率、促进研发资源有效利用对策建议。根据本书的研究,针对中国研发效率发展现状中的不足,提出如何提升研发效率、促进研发资源有效利用的对策建议。

(二) 本书的创新点

第一,研究视角上的创新:本书从国际比较的角度出发,对中国与世界主要国家(地区)国家层面和行业层面的研发效率进行了全面和系统的测度。国内外学者考虑中国的研发效率问题时,很少有从国际比较角度出发进行研究的，更没有从行业层面对中国研发效率进行研究。

第二，研究数据上的创新：国内仍然缺乏全面分析研发效率的面板数据，本书提供了较多国家、较长时间维度的可供国际比较的国家层面和行业层面的研发投入—产出面板数据，这些数据可为研发效率、技术效率等其他方面的研究提供基础数据来源。

第三，研究内容上的创新：本书从理论和实证上，全面系统地检验国际贸易、互联网发展、人力资本、产业发展、研发经费结构、语言距离、国家实力等一系列因素对研发效率的影响，并找出其中最关键的因素。国内外学者往往仅从某个方面进行考察，缺乏系统性地分析中国研发效率影响因素的研究，也未找出究竟哪些因素制约了中国研发效率的提升。

第四，研究方法上的创新：为了对中国与世界主要国家研发效率有一个全面系统直观的认识，本书详尽地分析和总结了研发效率测度方法，并比较了各种方法的优缺点，从而能更加准确地选取合适的测度方法来测算中国与世界主要国家的研发效率。

第一章　相关概念和理论基础

　　无论是经济学家还是社会学家对研发活动都进行了长久的探索与总结，在此基础上已经形成了一定的理论认识。特别是将研发运用到经济学的研究中，研发在经济学中已成为基础概念，其对经济社会发展的重要性已经不言而喻。为了更好地理解研发效率，我们先总结一下有关研发的相关概念及其在经济学中的相关理论，以此作为后续分析的基础。

第一节　科学、研发、知识和技术

　　一般而言，在中文体系中，我们运用较多的概念是科学（Science）和技术（Technology）。但在英语体系中，特别是在经济学的相关研究中，我们运用较多的概念是研发和知识。研发活动的主要目的就是创造知识和技术。但有关科学、研发、知识和技术等概念的定义在哲学认识论领域中仍然是一个争论不止的问题，尽管对这些概念的定义激发了世界上众多伟大思想家的兴趣，但至今没有一个统一而明确的界定。

　　首先，我们来区分什么是科学和技术。在英语体系中，同时提及科学、技术时，"科学""技术"二词一般是分开的。而在中文体系中，它被译为"科学技术"，人们往往以"科技"简称之，严格地讲，无论是作为知识体系的科学，还是作为研究活动、社会建制(Social institution)的科学,其本身较多关注在理论和纯研究中,并不产生直接的经济效益,科学只有以技术为中介,且要经过复杂的转化链条,才有可能转变为经济效益。科学是好奇取向的(Curiosity-orien-ted),技术则是任务取向的(Mission-oriented);科学以追求真知、追求智慧为目的,而技术则以追求实用、追求功利为目标;技术有自己的发展逻辑,在某些场合和时期,它可以独立于科学而自主进步;技术比科学历史悠久得多,技术在原始社会就存在,而现代科学的历史仅有 300 余年,即使把科学的萌芽希腊科学也算在内,科学的历史也不过 2000 多年。眭纪刚(2009)认为,从历史的角度来说,科学与技术的关系经历了完全分离时期—开始建立关系时期—相互促进时期—相互融合时期等一系列时期。①。

其次,我们讨论什么是科学和研发。科学活动的主要目的是追求知识。和科学一样,研发活动的主要目的也是创造知识和技术。因此,从这点来看,科学和研发有相同的地方。那么,其区别在哪里呢?我们认为,科学是对现象的高度概括和总结,而研发除了对现象概括和总结外,还试图得到有关科学的新的结论和观点。如在生物学领域,可以做有关有机生物的科学研究来概括其特征,也可以做有机生物的研发,开发出新的生物制品。在地理学领域,可以做地球的物理特征、结构和历史的科学研究,但也可以对所处的土地做研发,改变土地自然属性,使土地能更好被人类利用。

再次,我们讨论什么是知识和技术。知识,简单来说,指人类在实践中认识客观世界的成果,它包括事实、信息的描述或在教育和实践中获得的技能等很多不同的形式。知识可能是一种理论,依赖于对现象的详细理解;也可能是一种实践,依赖于对某种现实世界的因果关系的检验。知识有可能在搜寻和学习中发现,也有可能在教育和培训中产生,或者更简单的,通过观察他人的行为并尝试去模仿而获得。我们可以获取一些知识,但并不一定对其背后的

①　眭纪刚:《科学与技术:关系演进与政策涵义》,《科学学研究》2009 年第 6 期。

原因有着详细的理解。知识的创造(获取)有时虽然产生在经济动机或者经济活动中,但是也并不完全依赖于一个经济动机(效应)。①

那么,什么是技术呢? 一般意义上来说,技术被认为是制造一种产品的系统知识,所采用的一种工艺或提供的一项服务。技术主要用在生产和分配商品或者服务上,从这个角度来看,技术可以被认为是知识的一个子集。对于当今世界来说,技术不仅仅指的是知识视角下关于如何生产和分配商品或服务过程中的"硬件",也包含了关于组织、管理商品或服务过程中的"软件"。如果不懂得组织生产和分配系统,就不能达到更好的经济效益。所以,技术是知识的一个子集,知识包含了技术。但对于经济效益来说,技术就显得更加关键,因为技术能获得直接的经济效益。

最后,我们来了解一下技术和知识的基本特征。第一,技术和知识都具有非竞争性,一个经济主体的使用不会降低其他经济主体使用同样的知识和技术的能力。第二,使用技术和知识存在一种内在的不可分割性。也就是说如果存在一个将技术和知识作为投入的生产函数,那么,对于不充分的技术和知识,他的产出将有可能等于 0,只有当掌握充分的技术和知识时,他的产出才等于 1。第三,技术和知识都涉及较高的前期生成成本,而重复使用成本较低。当技术"到位"(从业人员和组织实际掌握并使用它)时,其重复使用的成本很低。第四,严格意义上的技术和知识的复制成本几乎可以忽略不计。第五,技术和知识的使用具有规模报酬递增的特性。我们知道,使用标准的经济商品,例如鞋子、机器工具,使用都会使它们磨损,也会存在折旧,但这不适用于技术和知识;相反,持续使用技术和知识至少意味着它不会折旧,但也有可能是持续的使用会使得它们的经济价值减少。

---

① [美]布朗温・H.霍尔、内森・罗森伯格主编:《创新经济学手册》第一卷,上海市科学学研究所译,上海交通大学出版社 2017 年版,第 101 页。

第二节　创新和研发

创新的相关理论最早由约瑟夫·熊彼特(Joseph Schumpeter)在《经济发展理论》中系统地提出来,熊彼特认为,简单来说:创新就是要建立一个新的生产函数,创新包含了五种情况,如采用一种新的产品、采用一种新的生产方法、开辟一个新的市场、获得一种新的原材料来源,或者实现一种新的组织。熊彼特的创新理论的核心就是要建立一个新的生产函数,在知识爆发的21世纪,创新已经成为一个国家源源不竭的发展动力,并且创新无处不在,创新有可能是创建了一个新的品牌,用不同的方法处理了一个复杂的问题,还有可能是开发了一个新的知识。

部分创新需要高技术人才才能进行,也需要在研发密集度高的公司里才有可能发生,因此,从这个角度来说,创新是一种高科技活动。但是,从另一个角度来看,创新也不仅局限于高科技领域。创新可以是尝试着去发现新的和可改进的产品,去发现产品生产过程中的难点或者改变产品的生产方式,这些都是创新活动的一个方面。它不仅包含了生产技术的新产品和新过程,也包含了在物流、市场和分配领域的效率提升。在很多低技术领域,创新也有可能会发生,并且有着非常大的经济效应,虽然这些创新对技术和知识前沿的影响微乎其微。但是从更广泛意义上来讲,创新无处不在。

从熊彼特对创新的定义中可以看出,创新是比研发更广泛的概念,根据霍尔等(Hall 等,2010)的研究所指出的,传统的衡量创新的指标是研发支出和专利[1]。研发支出被认为是一种创新过程中的主要投入,而专利也仅仅是覆盖了创新中足够新的可以被保护的产出。

---

[1]　Hall, Bronwyn H., Jacques Mairesse, and Pierre Mohnen, "Measuring the Returns to R&D", *Handbook of the Economics of Innovation*, Vol.2, 2010, pp.1033-1082.

第三节 有关研发的几个重要问题

一、要区分科学和技术

国内学术界在研究科学技术等问题时,习惯将科学与技术当作一个事物即"科技"加以讨论,很少有学者认真地对二者进行区分。即使是讨论这一关系,也是对科学与技术的联系论述较多,对科学与技术的差别讨论较少。把科学与技术混淆在一起使用,这种归拢和简化有失偏颇,影响科学政策的制定(陈昌曙,1994;丁娟,2004)。于光远(1998)也在一篇讲话中评论道,"科技"这个词并非中国人有意创用,而是在国家科学技术委员会成立后,科学、技术两个概念经常一起使用,积习而成。简称的结果,"科学和技术的相互关系不见了,使得科学方法、科学思想、科学态度的观念薄弱和看不清楚了"。但是张华夏和张志林(2001)曾指出,科学与技术至少在研究目的、研究对象,在处理的问题和回答这些问题使用的语词方面,在逻辑和社会规范方面都有着重要的区别。刘炯忠和叶险明(1995)从马克思对"生产力"的概念来讨论了科学与技术的关系,他们认为,技术属于直接的、现实的、物质的、本来意义上的生产力,科学属于潜在的、精神的、扩大意义上的生产力。陈其荣(2007)认为,科学与技术既有同一性,也有差异性,差异性除了指研究目的、研究对象、引导或导向、关注的问题、研究过程、思维方式、知识形式、最终成果、评价标准、社会规范、生产力形态、历史沿革等方面不同外,还体现在科学知识的目的在于解释,技术知识的目的是生产人工制品,技术知识比科学知识具有更大的可靠性,技术知识能够跨越各个领域使用,不具有科学知识在不同领域的不可通约性。

因此,面对科学与技术的不同,中国也开始调整科技政策的思路,强调要严格区分科学和技术的界限。在2006年制定的《国家中长期科学和技术发展规划纲要(2006—2020年)》中,已不再笼统使用"科技"一词,而是区分为"科学和技术"。① 眭纪刚(2009)也强调过去我国曾经对科学政策和技术政策不做区分,造成国家的科学发展政策偏重于应用性研究,对基础性探索研究重视不够。因此我们在制定政策时要区分科学与技术的不同目的,制定不同的科学政策与技术政策。

二、要区分创新和研发

国内外学术界部分学者在研究创新和研发时倾向于将创新和研发当成一个概念,特别是对于创新效率和研发效率,国内外部分研究在概念界定、研究方法、研究内容上基本不加区分。实际上,创新和研发有着本质的区别。创新是比研发更广泛的概念,研发是一个手段,创新是研发的目的。我们可以用研发支出来衡量创新支出,可以用专利来衡量创新产出。但是,在我们做创新研究时必须明白,很多创新并不一定需要通过研发获得,他有可能仅仅是一种管理行为的改善,也有可能是某个员工突发奇想的创意。因此创新又不仅仅包含研发,还包含很多其他方面。很多学者在做国家创新体系的研究时就把创新的投入—产出指标体系范围划分得很广泛,任何可能影响创新的因素都囊括其中,如基础设施、经济自由度等。但是在做研发效率的评价时,大部分研究仅从生产函数本身出发进行研究,将研发看成一种经济活动。对于本书而言,我们仅仅聚焦在研发活动,对研发效率进行探讨。

三、研发不能仅仅被当成是一种投资

在对研发相关问题进行研究时,很多学者认为研发仅仅是一种投资。但从投资理论的角度来看,如果把研发作为一种投资的话,他具有很多与普通投资不同的性质,首先最重要的是,研发投资中的50%主要用来支付受过高等教育的科学家和工程师的薪水和工资;他们的努力创造了公司的知识储备,这

---

① 国务院办公厅:《〈国家中长期科学和技术发展规划纲要(2006—2020年)〉配套政策实施细则汇总》,中华人民共和国中央人民政府网站,http://www.gov.cn/ztzl/kjfzgh/。

些知识则可能产生未来的利润,在这个程度上,知识是"隐性"的,它嵌入在公司员工的人力资本中,因此,如果公司的员工离开或被解雇,公司将会失去这些知识,这就说明对人力资本的投资具有重要意义。一个项目从概念到商业化之间通常要花费很长的时间,公司往往会在一段时间内平滑他们的研发支出。这也表明企业层面的研发支出表现出了较高的调整成本。因此,不同于别的类型投资,研发活动为了弥补调整成本,其对研发回报率就会要求很高。但衡量这种调整成本也较为困难,因为研发对成本的任何变化都"反应迟钝"。因此,我们认为,由于研发具有高度的不确定性,所以如果将研发作为一种投资的话,它有可能会要求较高的投资回报率。

第四节　有关创新的几个基本理论

一、熊彼特的创新理论

技术创新理论最早由约瑟夫·熊彼特在《经济发展理论》中系统地提出来,熊彼特的创新理论被很多学者引用,是创新经济学的基础。熊彼特的创新理论最早将技术和经济发展结合起来,论述技术在经济发展中的重要作用,成为重要的经济思想。[①]

在熊彼特的创新理论中,熊彼特提出了如下几个观点:第一,创新是生产过程中内生的。第二,创新是一种"革命性"的变化。第三,创新的同时意味着毁灭。第四,创新必须能够创造出新的价值。第五,创新是经济发展的本质规定。第六,创新的主体是企业家。

熊彼特的创新理论成为经济增长理论的基础,也构建了技术创新、机制创新、创新螺旋等理论体系,对于理解企业家精神等一系列经济发展过程中的关

---

① ［美］约瑟夫·熊彼特:《经济发展理论》,郭武军、吕阳译,华夏出版社 2015 年版,第205 页。

键变量提供了有益的参考。熊彼特对技术创新的相关论述中,特别是有关创造性毁灭的论述构成了后续经济增长研究的基础。

二、新古典经济增长理论

新古典经济增长理论由 1976 年的诺贝尔经济学奖得主罗伯特·索洛在 1956 年提出,该模型将技术引入到生产函数中,并假定技术保持不变,技术是外生的,经济是处于完全竞争的;不存在外部性,资本和劳动投入的增长引起产出的增长,不存在规模经济,以此考察技术进步(Techonological Progress)对经济增长的影响。

在索洛的模型中,索洛引入了技术进步这一概念。模型中,技术和知识是一种公共产品,也就是说,知识是每一个人都可以获得而不用付费的。索洛的这一论断如果推论到多国的情况下,就很容易推导出如果知识是一种公共产品,那么所有国家的知识储备应是一致的。[①] 在这种条件下,新古典的经济增长模型可以预测,在长期,人均收入在所有的国家都会一致,人均收入是外生的,并被全球技术进步水平所决定。

索洛的模型对各国的经济增长提供了一个重要的解释力。由于各国的初始条件不同,因此,各国的经济增长水平在追求长期均衡的过程中也会存在明显差异。一个典型的例子是,如果有一个穷国和富国,那么穷国可能会比富国经济增长得更快,因为资本相对稀缺的国家有着较低的资本劳动比,并会有较高的资本回报率、资本积累速率和增长水平。在开放经济条件下,资本如果可以自由流动,就会自动地追逐利润,从富国流动到穷国,因为穷国的资本收益率比较大。因此,富国和穷国之间的收入差距会缩小。

因此,索洛的模型的一个重要的结论就是在开放经济条件下,只要市场允许各个经济主体做自己的事情,并且不对资本流动施加约束的情况下,赶超和

---

① Edward Fulton Denison, *Why Growth Rates Differ*, Brookings Institution, Washington, D.C.: 1967, p.282.

收敛会自动发生。

在索洛的模型中,对知识或者技术的一个重要假设就是知识是一种公共产品,他可以被所有人使用,因此也会导致全球经济中的均衡。新古典增长模型认为,知识是完全外生于经济增长过程的,其产生后就改变了现有的生产函数,并没有一个扩散过程。阿罗则认为知识是通过干中学获得的,但一旦知识被获得后,就体现在所有产生者的生产中。因此,知识的扩散是一个无时间、无障碍、无任何成本的过程。

三、内生经济增长理论

内生经济增长理论主要由 2018 年的诺贝尔经济学奖得主保罗·罗默提出,他将技术内生化为经济的内生变量和知识积累的结果,认为知识积累才是决定经济增长的动力和源泉。罗默的内生经济增长理论强调知识扩散的作用,所谓知识扩散,就是有用的知识在企业之间以不付费的方式转移。罗默(1986)认为,社会上的现有知识都可以被任何一个厂商无条件地获得,但厂商如何获得这些知识,罗默并没有进行详细的说明。

罗默强调:"20 世纪以来基础科学知识和应用技术知识交互作用的创新模式使我们很难把二者从经济意义上截然分开,工业化过程不可避免地使科学越来越成为一种依赖于技术的内生活动。"①罗默认为,如果存在以下三个方面的特征,那么长期均衡就是可以存在的:外部性、知识产出的边际收益递增、知识自身生产的边际递减。知识产出的边际收益递增主要从知识的社会收益来看,知识自身生产的边际递减主要从知识的投资来看。

罗默(1986)的模型之所以能成为内生经济增长理论的一个基准,就是证明了在存在要素递增报酬的情况下,经济可以持续地增长。而且存在稳态的均衡的增长路径,这一点在新古典经济增长理论中不存在,新古典经济增长理

---

① Romer P. M., "Endogenous Technological Change", *Journal of Political Economy*, Vol. 98, No. 5, 1990, pp. 71-102.

论中经济增长是发散的。

内生经济增长理论出现之后,产生了很多对其进行解释的模型。大体上,我们又可以将其分为第一代内生经济增长理论和第二代内生经济增长理论。[①]

第一代内生经济增长理论是建立在阿罗的干中学模型的基础上,他包括罗默的知识外溢(Knowledge Spillover)和卢卡斯的人力资本(Human Capital)模型。卢卡斯的人力资本模型强调以人力资本内生化为经济增长的核心因素,而不是将技术进步内生化为决定经济增长的核心因素。这主要是因为,卢卡斯认为,虽然经济增长水平和技术水平在不同国家之间呈现出很大的不一致,但是这种不一致的原因不是一般意义上的知识水平在不同国家之间的不一致,而是特殊的人民,特别是高技能人民的知识在不同国家之间的不一致。由此,就必须考虑不同人民在知识背后的成因,也就是获得知识的个人决策,这种个人决策有可能是由于教育或者其他方面的原因所导致的,因此也把这种理论称为人力资本理论。卢卡斯的模型将资本分为物质资本和人力资本两类。

罗默在1986年文章的基础上,建立了一个知识内生生产模型,这个模型认为知识积累的正外部性可以产生内生的经济增长,而知识生产的激励来源于知识在生产过程中的排他性。该模型的核心就是说,一方面,新的设计可以产生于生产之中,而这种使用方式可以受到严格的专利保护,因此知识具有一定的排他性;另一方面,新的知识可以加大知识总量,知识能作为生产投入,在其生产出来后,可以无限次使用,这就不同于完全竞争市场下的情况,从这点来说,知识具有一定的市场势力,知识是完全非排他的。

第二代内生经济增长模型将熊彼特的创造性毁灭(Creative Destruction)引入进来,建立了具有创造性破坏过程的内生经济增长模型,这个模型的关键

① Helpman E., *The Mystery of Economic Growth*, Harvard University Press, 2009.

之处在于新产品将使老产品过时,因此创新有着消极和积极两方面的作用,一方面,创新增加了新的知识的存量,提高了生产新的知识的效率;另一方面,新的知识的出现使得老产品过时,对于现有的知识具有外部性。这一点就决定了对知识的投资取决于两个方面:一是生产知识的效率(即出现新的知识的可能性,由社会知识存量所决定);二是知识的寿命,这一点由未来对知识的投资所决定。[①]

这些模型与罗默模型的一个典型区别是,在罗默模型中,知识主要以新的中间产品来表示,但是新的中间产品对原有的知识既不是互补关系,也不是替代关系,因此他认为知识的外部性主要在于新知识产生正的外部性,而没有考虑到新知识产生后对原有知识的负外部性。但是新熊彼特模型考虑到了这一点,从这一点上来说,新熊彼特模型是垂直创新模型(产品质量垂直上升模型);而罗默模型则被称为水平创新模型(中间产品扩展增长模型)。

此外,将熊彼特的创造性毁灭引入到内生经济增长理论中,就产生了其他的对经济增长理论内生化的解释,主要有阿格奥和豪伊特(Aghion 和 Howitt,1992)、格罗斯曼和赫尔普曼(Grossman 和 Helpman,1991)的产品质量阶梯模型。限于篇幅,不再一一介绍。

总而言之,内生增长理论中创新的关键在于,一方面要正确区分人力资本和技术,另一方面也要正确区分物质资本和劳动力。新的知识的出现会使得旧有的技术过时,但是与此同时并不一定会使得人力资本过时,同时也会增加整个社会的知识总量。劳动力和物质资本的区别在于,劳动力可以通过运用知识来改变其劳动生产率,从而使得劳动力在整个社会中具备扩张的可能性。

这些主流的经济学理论就奠定了本书的基本理论背景,对本书的后续研究起着重要的作用,在创新的相关理论中,后续研究中的技术外溢、技术赶超理论都源于这些理论,因此,这些基本的经济理论构成了本书的理论基础。

---

① 左大培、杨春学主笔:《经济增长理论模型的内生化历程》,中国经济出版社 2007 年版,第 215—217 页。

第二章 研发效率测度的基本方法

研发效率测度是进行研发效率研究的基础,准确地测度研发效率有利于明确一国的研发资源利用情况,并关系着研发效率后续研究的可靠性。但是,对于研发效率的测度并没有相关文献进行详细的总结和归纳,形成统一的测度框架,研发效率测度这一问题在大多数研究中往往被忽视了。为此,本书试图借鉴效率和生产率分析的一般框架,对研发效率测度方法进行总结和归纳,以期得到更为全面的对研发效率测度方法的概括,并试图为今后国内外研发效率的研究提供借鉴。

第一节 研发效率测度的基本框架

大多数测度研发效率的研究都是基于格里利克斯(1979)所构建的知识生产函数的分析框架展开的,简单而言,格里利克斯使用知识生产函数来测度研发和由研发导致的技术溢出效应对生产率增长和经济增长的贡献。知识生产函数实际上是在知识的投入和产出之间建立一种联系,将知识看成是研发投入的基本产品。其基本假设是研发过程的产出为研发投入的函数,即:$Y=f(X)$,Y 代表研发产出的向量,X 代表研发投入的向量。

一般而言,如果使用柯布—道格拉斯(Cobb-Douglas)生产函数形式,基本的假设关系可设置为: $Y=aX^b$。

其中, a 表示不变的要素; b 代表产出弹性,表示研发产出与研发投入的相互关系。如果 $b=1$,代表等额的研发投入的增加会带来等额的研发产出的增加,也表示研发的边际报酬不变;如果 $b<1$,则等额的研发投入的增加并不会带来等额的研发产出的增加,代表研发的边际报酬递减。将 $Y=aX^b$ 两边取对数,则可以得到:

$$\ln Y=\ln a+b\ln X \tag{2-1}$$

式(2-1)只需要使用简单的回归分析方法就能得到结果。知识生产函数方程的斜率 b 为研发投入的产出弹性,可以度量研发过程中的投入生产率,代表了研发系统的质量,可看成是研发效率的间接度量。研发的产出弹性可以通过研发过程中投入质量的增加或研发活动中其他要素的技术外溢效应的增加而增加。[①] 如果将产出弹性这一概念运用在国别研究中,不同国家之间的研发产出弹性测度了不能观测的因素对研发产出的影响,也就是说产出弹性可以用来测度不同国家的研发效率。但运用产出弹性测度研发效率的缺陷是它不能明确不同国家研发效率的成因,我们仅仅能知道产出弹性并不是由于生产函数所包含的变量所导致。[②] 另外,研发产出弹性是没有维度的,所以它不会受到汇率和价格水平的影响。

常数项的单位和研发产出的单位一致,如果研发活动的产出用数量来表示(例如,专利数和新产品种类),那么,常数项同样不会因汇率和价格水平的改变而改变。但对于常数项的解释要十分谨慎,如果将研发数量作为研发活动的指标,那么常数项代表了在不需要相应的研发投入的情况下研发产出的数量。但实际上研发产出必须要研发投入才能实现,那么如何解释在需要研发产出的情况下的常数项值呢? 我们认为,第一,这有可能是由于研发产出完

---

① 无论这种技术外溢效应是来自私人部门还是公共部门,都会对研发产出造成显著的影响。

② 一个解决办法是可以通过不断地增加不同的变量来得到产出弹性差异的成因。

全由其他来源的知识外溢效应所导致,并没有相应的研发投入;第二,它也和研发投入过程的度量有关,研发投入过程中的主要投入要素,即知识是一种存量,所以度量过程中也应该用知识存量来度量。但在实际上,我们并不能准确地测度这种知识存量,我们只能知道一段时间内的研发投入情况。此外,关于研发活动的长时间的信息也不容易得知,这也造成了知识存量度量的困难。由此,一个正的常数项代表了研发活动不能被现有知识所决定的而是被过去知识存量所决定的情况,在这种情况下,知识生产函数代表了投入变量的误配。

在研发效率跨国比较的时候,只要知识生产函数在区域之间是可以比较的并且具有相同的偏差,那么知识生产函数常数项之间的差异就可以被解释成有多少研发产出是由于旧的知识存量所造成。如果创新知识是路径依赖的,则相对低的常数值代表技术是不复杂的新技术。

总体而言,知识生产函数给出了一个不那么复杂的评价研发效率的研究框架,对于研发效率的测度有着重要的作用。

第二节　研发效率测度方法一:基于研发回报率的计量分析

从理论上来说,研发的回报率可以看成研发效率的一种度量。很多学者如辛塞拉莱和因希尔德(Cinceraa 和 Reinhilde,2014)就基于研发回报率的方法度量了研发效率。其基本的假设是将知识引入到生产函数之中,如果我们使用柯布—道格拉斯生产函数模型,则:

$$Y_{it} = \lambda t L_{it}^{\alpha} C_{it}^{\beta} K_{it}^{\gamma} e^{\varepsilon_{it}} \tag{2-2}$$

式(2-2)中,Y 代表产出,如销售收入和增加值变量(GDP)等;L 和 C 代表传统的投入,如劳动力投入和物质资本投入;K 是知识资本;α、β、γ 分别代表相应的收入份额参数,在式(2-2)中表示的是投入变量的产出弹性。

对式(2-2)两边同时取自然对数,则可以得到:

$$y_{it} = \lambda t + \alpha l_{it} + \beta c_{it} + \gamma k_{it}^{\gamma} + \varepsilon_{it} \tag{2-3}$$

式(2-3)中的小写字母代表自然对数形式,参数 γ 代表 R&D 资本的产出弹性。柯布—道格拉斯函数的一个问题就是如何构造企业的知识资本,为了解决这个问题我们应该直接估算 R&D 的回报率而不是它的弹性(格里利克斯,1973;Terleckyj,1974)。将式(2-3)两边进行一阶差分,假定 R&D 的折旧率等于 0,并假定研发弹性满足:

$$\gamma = \frac{\partial Y_{it} K_{it}}{\partial K_{it} Y_{it}} = \rho \frac{K_{it}}{Y_{it}} \tag{2-4}$$

则式(2-3)的一阶差分的增值率形式可以写为:

$$\Delta y_{it} = \lambda \Delta t + \alpha \Delta l_{it} + \beta \Delta c_{it} + \rho \frac{R_{it}}{Y_{it}} + \varepsilon_{it} \tag{2-5}$$

式(2-5)中, R_{it} 代表研发资本的存量形式, ρ 代表了 R&D 资本的回报率。

在估计 R&D 资本回报率时,有两个重要的问题值得关注:第一个问题是双重计算问题,在估计物质资本的时候已经估计了研发资本(Schankerman,1981;Mairesse 和 Hall,1996),这种双重估计会低估研发弹性和研发资本回报。因此,如果其他投入没有从 R&D 资本中分离出来,R&D 回报率可以被解释为超额率。

第二个问题就是产出和投入的度量问题,包括研发投资需要被平减,价格平减通常在企业层面是较难以获得数据的,价格平减通常也不包含产出的改变,因此也倾向于低估实际的产出。但是,如梅瑞斯和莫南(Mairesse 和 Mohnen,1995)所强调的,如果是面板数据,这种差异可以通过加入时间和行业的虚拟变量控制,但即便如此,也会存在企业间的差异,研发的估计因此也是有偏的。[1]

---

[1]　这种偏差仅仅在部门价格和虚拟变量不能完全捕获其差异的情况下产生。

第三节　研发效率测度方法二:单要素研发效率法

在规模报酬不变理论假设下,单要素研发效率法能够较为简单地测度研发效率,单要素研发效率法测度研发效率是直接用研发产出除以研发要素投入获得,该测度方法对数据的要求比较低,便于实际操作和用于跨国比较。但要注意的是,单要素研发效率法可能会造成研发效率测度结果的偏误,因为其他研发要素投入的增加也会造成研发产出的增加。而且,单要素研发效率法仅仅只能够测度得到单一要素对产出的影响,由于产出的要素和投入的要素都会比较多,因此,使用单要素研发效率法时需要谨慎考虑。

但是,单要素研发效率法与使用增长核算法测度的全要素研发效率相比也有一定的优势。一方面,在数据和误差精度要求比较高的情况下,单要素研发效率法相较全要素研发效率测度方法会更有优势。如仅需要研发人员投入数据和研发产出数据就可度量人员研发效率;仅需要研发资本投入数据和研发产出数据就可度量资本研发效率。相较于全要素研发效率测度方法,数据可获得性困难较小,特别在国际比较的情况下,多国且可供进行长期比较的指标数据难以获得,因此单要素研发效率法就可以克服数据不可获得的缺陷。另一方面,函数设定方式选择也会直接影响全要素研发效率的估计。例如,假设利用索洛余项在两种生产函数基础上度量全要素研发效率,一种生产函数的研发投入仅包含劳动力和资本;另一种生产函数除劳动力与资本以外还包含人力资本投入,在这两种生产函数的情形下对全要素研发效率估计的结果,会随着人力资本对增长贡献的大小而反向变动。在这个意义上,全要素研发效率具有对未知变量效应的度量的含义(Abramovitz,1956),而单要素研发效率与生产函数的设定形式没有关系,它仅仅考虑的是产出对劳动或者产出对资本的比例。

目前来看,使用单要素研发效率法测度效率的文献较少,仅有少量研究用类似单要素研发效率法测度劳动生产率,如阿布拉莫维茨(1986)、鲍莫尔(Baumol,1986)、邓龙(De Long,1988)、库马尔和拉塞尔(Kumar 和 Russell,2002)等。但有关用单要素研发效率法测度研发效率的文献几乎没有,本书开创性地用单要素研发效率法测度了研发效率,从而弥补了研发效率测度上的空白。

第四节　研发效率测度方法三:增长核算法

单要素研发效率测度得到的研发效率不便于综合考虑其他因素对研发效率的影响。借鉴测度全要素生产率的方法,利用知识生产函数和柯布—道格拉斯生产函数,全要素研发效率也可以通过增长核算法得到的索洛余项进行间接度量。增长核算法的思想源于生产函数理论,不同的测度生产率和效率的方法适应于不同的生产函数,根据柯布—道格拉斯生产函数构建的知识生产函数可测度得到全要素研发效率,它是与单要素研发效率相对应而言所测得的。

我们从最简单的知识生产函数模型开始论述增长核算法,在仅有一种产出和研发资本、研发人员两种投入的情况下,知识生产函数模型可设定如下:

$$Y(t) = A(t)f[K(t), L(t)] \tag{2-6}$$

式(2-6)中,Y 代表研发产出;K 代表研发资本投入;L 代表研发人员投入;t 代表时间;A 代表除研发资本投入和研发人员投入以外其他影响研发产出的因素,它是一种未知的度量。如果我们假定规模报酬不变,A 就可以表示为全要素研发效率。

增长核算法在测度生产率和研发效率的过程中依赖于一些重要的假定,最重要的假定如下:第一,生产函数是规模报酬不变的;第二,生产是最有效率的,不存在资源的浪费;第三,生产者都是价格接受者。这些假定都表示增长核算法测度的研发效率是在当前投入—产出情况下所能达到的最高效率。

对式(2-6)求时间 t 的导数,可得:

$$\dot{Y} = \dot{A}f(K,L) + \frac{\partial f}{\partial K}\dot{K}A + \frac{\partial f}{\partial L}\dot{L}A \tag{2-7}$$

将式(2-7)除以产出 Y,便可得:

$$\frac{\dot{Y}}{Y} = \frac{\dot{A}}{A} + A\frac{\partial f}{\partial K}\frac{\dot{K}}{Y} + A\frac{\partial f}{\partial L}\frac{\dot{L}}{Y} \tag{2-8}$$

通过式(2-8)可以看出,研发人员弹性、研发资本弹性为:

$$w_L = \frac{\partial Y}{\partial L}\frac{L}{Y} = A\frac{\partial f}{\partial L}\frac{L}{Y} \tag{2-9}$$

$$w_K = \frac{\partial Y}{\partial K}\frac{K}{Y} = A\frac{\partial f}{\partial K}\frac{K}{Y} \tag{2-10}$$

将式(2-8)、式(2-9)、式(2-10)合并,可得:

$$\frac{\dot{A}}{A} = \frac{\dot{Y}}{Y} - w_K\frac{\dot{K}}{K} - w_L\frac{\dot{L}}{L} \tag{2-11}$$

式(2-11)为全要素研发效率增长率的测算公式,从式(2-11)中可以看出,全要素研发效率是一个余项的概念,代表的是产出的增长减去相应投入增长后的结果,这也就是增长核算法的本质。

一般而言,使用较多的生产函数形式为柯布—道格拉斯生产函数,即:

$$Y = AK^{\alpha}L^{1-\alpha} \tag{2-12}$$

式(2-12)中,Y、K、L 的定义都如前所示,α 代表研发资本的产出弹性 w_K;$1-\alpha$ 代表研发人员投入的产出弹性 w_L;此外,由于生产要素通过边际产品获得报酬,因此,我们可将 α 看成研发资本的收入份额,$1-\alpha$ 看成研发人员的收入份额。通过式(2-12)再采取式(2-11)的方法便可测得全要素研发效率。

第五节　研发效率测度方法四:综合指数法

指数被定义为测量一系列相关变量变化的实数。[1] 指数在经济学中有着

---

[1]　Timothy J.Coelli、D.S.Prasada Rao、Christopher J.O'Donnell、George E.Battese:《效率和生产率分析导论》(第2版),刘大成译,清华大学出版社2009年版,第59页。

悠久的应用历史,最早始于 19 世纪晚期的拉氏指数(Laspeyres Index)和帕氏指数(Paasche Index)。指数一共有四种主要形式,除了拉氏指数和帕氏指数外,还有费希尔理想指数(Fisher Ideal Index)和 Törnqvist 指数。前两种为指数的一般形式,后两种为指数的高级形式。指数的高级形式也通常被称为超越指数(Superlative Index)。其中,Törnqvist 指数对生产率的测度起了重要的作用,但是在生产率测度过程中,如果要进行比较,Törnqvist 指数并不具备可传递性,因此,卡夫、克里斯滕森和迪韦特(Caves、Christensen 和 Diewert,1982)运用 E-K-S(埃尔特科—科夫斯—祖尔茨,Elteko-Koves-Szulc)方法构建了可传递性的 Törnqvist 指数,E-K-S 方法在效率和生产率的比较方面运用比较广泛。

指数在研发效率的测度中应用也较为广泛,主要可以用来:第一,测度全要素研发效率变化;第二,用来处理研发效率测度时所需的数据;第三,指数方法是其他测度方法如前沿函数方法的基础。从某种意义上来看,单要素投入—产出方法和增长核算法也可以看成指数方法的拓展。

我们首先介绍四种指数的数量指数形式,并在此基础上介绍价格指数形式。

拉氏指数是较为简单的一种指数形式,其表达式如下:

$$Q_L = \sum \frac{P_i^0 X_i^1}{P_i^0 X_i^0} \tag{2-13}$$

式(2-13)中, Q_L 代表拉氏指数,代表的是商品价值的变动, P 和 X 分别表代表价格和数量,上标 1 代表当前期,上标 0 代表基期,从拉氏指数中可以看出,它表示的是以基期价格计算的价值比值。

与拉氏指数相对应,如果我们用当前期价格作为计算基础,便可得到帕氏指数:

$$Q_P = \sum \frac{P_i^1 X_i^1}{P_i^1 X_i^0} \tag{2-14}$$

Q_P代表帕氏指数,其他各变量的定义如前所述,帕氏指数是根据当前期价格推算的价值比值,代表的是当前期价格作为权重的加权调和平均数。

从拉氏指数和帕氏指数的定义可以看出,拉氏指数主要以基期数量或价格为基础,帕氏指数以当期数量或价格为基础,如果基期数量和价格比都一致时,两种指数测度结果是相同的;但是如果基期和当期的相差越大,两种指数就会存在不同。为了解决这种差异的不可类比性,我们提出了指数的高级形式,即 Törnqvist 指数和费希尔理想指数,这两种指数可以更加明确价值的变动情况。

费希尔(1922)定义了费希尔理想指数,费希尔理想指数的形式如下:

$$Q_F = (Q_P Q_L)^{0.5} \qquad (2-15)$$

式(2-15)中, Q_L 代表拉氏指数, Q_P 代表帕氏指数, Q_F 表示费希尔理想指数,从式(2-15)中可以看出,费希尔理想指数是拉氏指数和帕氏指数的几何平均数。费希尔理想指数具有很多统计学和经济学上的优良性质,因此被称为"理想指数",迪韦特(Diewert,1992)的文献证明了这些性质。

在生产率测度中应用最为广泛的便是 Törnqvist 指数,Törnqvist 数量指数是个体数量指数的加权平均数,其中权重是当期和基期的简单平均,其公式如下:

$$Q_T = \prod_{i=1}^{I} \left(\frac{X_i^1}{X_i^0} \right)^{\frac{\omega_i^0 + \omega_i^1}{2}} \qquad (2-16)$$

其中,式(2-16)中, $\omega_i^0 = \dfrac{P_i^0 X_i^0}{\sum_i P_i^0 X_i^0}$, $\omega_i^1 = \dfrac{P_i^1 X_i^1}{\sum_i P_i^1 X_i^1}$ 。

将式(2-16)取对数,便可得到 Törnqvist 指数的更一般形式:

$$\ln Q_T = \sum_i \left(\frac{\omega_i^0 + \omega_i^1}{2} \right) (\ln X_i^1 - \ln X_i^0) \qquad (2-17)$$

Törnqvist 指数的一般形式由于计算较为简便,是对数差的简单加权平均,因此在实际中运用得比较多。

上面所讨论的都是数量指数,与数量指数相对应的就是价格指数,价格指数和数量指数不同的是,价格指数是以当期或者基期的数量作为权重来测度,通过对每个特殊商品的价格变化来测量整体价格变化。

一般而言,在测度研发效率和生产率过程中使用较多的是指数的高级形式,即超越指数形式。但上述指数在实际应用中还要求具有传递性,传递性便可通过 E-K-S 指数得到,限于篇幅,我们在这里不再具体介绍 E-K-S 指数的一般形式。

上面简单地介绍了指数的各种形式,那么,在测度研发效率过程中,我们可以使用简单的综合指数方法和较为复杂的综合指数方法。简单的综合指数方法就是简单地运用一个指标反映研发效率。如 SCI 指数就被定义为三种投入的不加权重的加成,如高等教育研发、政府内部研发支出、企业研发支出除以产出。而复杂的综合指数方法就是将反映研发效率的相关社会经济变量通过主成分分析或者因子分析综合成一个公共指数变量。常见的用于测度创新的综合指数有世界知识产权组织全球创新指数、日本东洋大学发布的类似的全球创新指数、中国科学技术发展战略研究院发布的国家创新指数报告,这些创新指数都可以用于测度世界各国的创新发展水平,并进行国别比较。

第六节 研发效率测度方法五:非参数 方法——自由可处置分析

无论是单要素研发效率方法,还是增长核算方法和综合指数方法,其中一个重要的假设条件便是生产函数是完全有效率的,各决策单元都在其最有效率的情况下进行生产,但是这显然和现实是不相符的,大多数企业的生产都并不可能得到最优效率,因此,在这种情况下,我们必须借助于前沿生产函数方法,前沿生产函数方法又可分为非参数方法——自由可处置分析、非参数方法——数据包络分析、参数方法——随机前沿分析三种。

非参数方法无论是自由可处置分析(Free Disposable Hull,FDH)还是数据包络分析,其基本思想都是借助于线性规划的方法去估计投入变量的冗余或者产出变量的不足,这些方法都允许在多种投入和多种产出情况下特定的决策单元(Decision Making Units,DMUs)的效率损失,并能有效地估计效率前沿面或者效率的损失。特别是在 FDH 框架下,可以在一个生产可能集的情况下比较生产者的效率。

FDH 方法的第一步是建立一个生产可能前沿面,也就是说,对每一种投入要素的使用,产出所可能达到的最大可能性。一旦这个前沿面建立了,我们就可以测度技术效率并对非效率的生产者进行排序。FDH 模型是一个较为简单的模型,唯一的假设是要求投入变量或者产出变量自由可处置,也就是说他们可以面临同样的生产前沿面。

简单而言,FDH 方法可以用下式来表示,即:

$$\min \theta$$

$$\text{s.t.}\begin{cases} \theta x_k - X\lambda \geq 0 \\ Y\lambda \geq y_k \\ e\lambda = 1, \lambda \in [0,1] \end{cases} \tag{2-18}$$

式(2-18)中 X 代表投入向量,Y 代表产出向量,λ 是半正态的向量,θ 代表技术效率值,x_k, y_k 分别代表第 k 个决策单元的投入和产出列向量。在 FDH 模型中,主要关注两个约束条件,即 $e\lambda = 1$, $\lambda \in [0,1]$。$\lambda \in [0,1]$ 表示 λ 是 0 或 1。也就是说,这些 0 值或 1 值的存在使得最终 $e\lambda = 1$,使得最终有且仅有一个实际的观测值能被选择为前沿面。

FDH 方法是非参数方法最简单的一种形式,下面我们讲述更一般形式的非参数方法——数据包络分析。

第七节　研发效率测度方法六：非参数方法——数据包络分析

数据包络分析方法由查纳斯（A.Charnes）和库珀（W.W.Cooper）在 1978 年提出。该方法通过构造多种投入和产出指标，然后借助投入—产出生产函数，运用线性最优化方法，对决策单元的投入—产出评价其相对效率。数据包络分析方法主要通过生产可能集合来估计其生产前沿面，通过各决策单元与前沿面的距离来判断生产函数的效率。数据包络分析方法本质上也是一种前沿生产函数方法，它可以考虑到技术无效率的情况，前沿生产函数将生产率的进步分为效率的进步和技术的进步（Färe 等,1994）。这种方法可将投入和产出都包含在同一个模型中，并增加模型和方法的解释力，因此，该方法成为评价效率和生产率方面的重要手段，下面我们来介绍一下这种方法的基本模型。

同样，我们使用一般的假设，只考虑两种投入 $x^{kt}=(X_{1k},X_{2k})$ 和一种产出 $y^{kt}=(Y_k)$ 的情况，决策单元用 k 表示，并有 $k=1\cdots K$ 个决策单元，时期为 t。

假定在规模报酬不变的情况下，每一个时期 t 的生产前沿面为：

$$S_{CRS}^t = \left\{ (x^t, y^t) : \sum_{k=1}^K z_k y_k^t \geq y^t, \sum_{k=1}^K z_k x_{nk}^t \leq x_n^t \right\} \qquad (2\text{-}19)$$

在式（2-19）中，z_k 为强度变量，一般情况下，强度变量为非负的。S_{CRS} 为规模报酬不变的生产前沿面，产出必须小于等于现有产出的线性组合，意味着用现有技术不可能生产出更多的产出；投入必须大于等于现有投入的线性组合，意味着在现有技术下不可能缩小投入生产出更多的产出。式（2-19）所构造的集合的上界就是生产前沿面。

有了生产前沿面的定义，我们可以构造产出导向的距离函数为：

$$D_0^t(x^{k,t}, y^{k,t}) = \min\left[\theta : (x^{k,t}, \frac{y^{k,t}}{\theta}) \in S^t \right]$$

$$= \{\max[\,\theta:(x^{k',t},\theta y^{k',t})\, \in S^t]\}^{-1}$$
$$= [F_0^t(x^{k',t},y^{k',t})]^{-1} \tag{2-20}$$

式（2-20）中，根据法雷尔（Farrell，1957）的研究，F_0^t 为产出导向的技术效率指数，距离函数为技术效率指数的导数。式（2-20）中 $\theta \leqslant 1$，如果 θ 值为 1，就说明决策单元位于前沿面上，即为技术最有效率的决策单元。

有了距离函数的定义，我们便可得到曼奎斯特研发效率指数，根据法尔等（Färe 等，1989）的研究，曼奎斯特研发效率指数一般分解为效率的变化和技术的变化。采用法尔等（1989）类似的方法，可将曼奎斯特研发效率指数定义为：

$$M_0(k',t,t+1) = \left[\frac{D_0^t(x^{k',t+1},y^{k',t+1})}{D_0^t(x^{k',t},y^{k',t})}\frac{D_0^{t+1}(x^{k',t+1},y^{k',t+1})}{D_0^{t+1}(x^{k',t},y^{k',t})}\right]^{\frac{1}{2}} \tag{2-21}$$

将式（2-21）进行分解处理，得到技术效率变化指数 ECH 为：

$$ECH = \frac{D_0^t(x^{k',t+1},y^{k',t+1})}{D_0^t(x^{k',t},y^{k',t})} \tag{2-22}$$

技术进步变化指数 TCH 为：

$$TCH = \left[\frac{D_0^t(x^{k',t+1},y^{k',t+1})}{D_0^{t+1}(x^{k',t+1},y^{k',t+1})}\frac{D_0^t(x^{k',t},y^{k',t})}{D_0^{t+1}(x^{k',t},y^{k',t})}\right]^{\frac{1}{2}} \tag{2-23}$$

TCH 和 ECH 中 D 代表距离函数，通过测度距离函数，我们便可测度得到曼奎斯特研发效率指数。

我们采取更直观的图 2-1 来解释曼奎斯特研发效率指数及其分解。图 2-1 中，纵轴代表产出 y，横轴代表投入 x，假定只有一种投入和一种产出，t 代表时期，分别存在两个时期 t 和 $t+1$。

从图 2-1 中，根据距离函数的定义，则技术效率指数为：

$$ECH = \frac{Od}{Of}\frac{Ob}{Oa} \tag{2-24}$$

我们可以观测到 $t+1$ 期技术发生了明显进步，技术进步指数衡量的是前沿面的移动，根据式（2-23），技术进步指数采用类似费希尔理想指数的处理

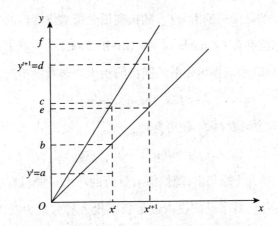

图 2-1 曼奎斯特研发效率指数及其分解示意图

方法,为两个时期的几何平均值,即为:

$$TCH = \left(\frac{Of}{Oe} \frac{Oc}{Od} \right)^{\frac{1}{2}} \qquad (2-25)$$

根据图 2-1,研发效率指数便是:

$$MALM = \frac{Od}{Oa} \left(\frac{Ob}{Oe} \frac{Oc}{Of} \right)^{\frac{1}{2}} \qquad (2-26)$$

以上便是 DEA 方法的基本思路,通过式(2-20)可测度出规模报酬不变模型的效率值,通过式(2-21)可测得曼奎斯特研发效率指数,通过式(2-25)和式(2-26)便可将曼奎斯特研发效率指数分解为技术效率的变化和技术进步的变化。DEA 方法在实际应用中有很多拓展,限于篇幅,在这里我们不再一一介绍。

第八节 研发效率测度方法七:参数 方法——随机前沿分析

除了非参数方法,我们还可以运用参数方法来测度效率和生产率。参数方法最大优势是考虑了随机冲击对生产可能性边界和最优产出的影响,参数方法使用最广泛的是随机前沿分析,随机前沿分析被学者们的广泛应用。

昆巴卡尔和洛弗尔(Kumbhakar 和 Lovell,2000)的文献对随机前沿方法进行了一般性总结,他们提出一般的随机前沿生产函数模型为:

$$Y_{it} = f(x_{it})\exp(v_{it} - u_{it}) \tag{2-27}$$

式(2-27)两边同取对数,便可得到:

$$\ln Y_{it} = \ln f(x_{it}) + (v_{it} - u_{it}) \tag{2-28}$$

Y_{it} 代表决策单元 i 的产出,随机前沿分析的产出一般只有一种,x_{it} 代表投入,投入可以有多种,最常见的投入便是资本投入和劳动力投入,与一般的计量模型不同,误差项 v_{it} 和 u_{it} 为复合结构,v_{it} 被定义为 $N(0,\sigma_L^2)$ 的正态分布,且是独立分布的,代表随机扰动的冲击;u_{it} 为技术非效率项,u_{it} 代表个体冲击的影响,且 v_{it} 和 u_{it} 相互独立。

根据巴蒂斯和科埃利(Battese 和 Coelli,1995)的总结,随机前沿模型可分为时变的随机前沿模型和非时变的随机前沿模型,根据有无影响因素又可分为有影响因素的随机前沿模型和无影响因素的随机前沿模型。一个简单的随时间可变的模型的主要假设便是技术非效率项服从非负截断的正态分布,即:

$$u_i \sim \text{iid}N^+ (\mu,\sigma_u^2) \tag{2-29}$$

根据式(2-29),则可将技术非效率项表示为如下形式:

$$u_{it} = u_i\exp[-\eta(t - T)] \tag{2-30}$$

式(2-30)中,参数 η 代表时间因素对技术非效率项 u_{it} 的影响,$\eta>0$、$\eta=0$、$\eta<0$ 分别表示随时间改变技术效率增加、不变、降低的三种情况。

巴蒂斯和科埃利(1995)[①]在其 1992 年所建模型[②]的基础上引入了技术非效率函数,这样便可分析效率的影响因素,假定技术非效率函数服从期望为 m_{it} 的非负截断的正态分布,且技术非效率项是一些外部环境因素的函数,即为:

---

① 为便于分析,后文简称为"BC(1995)模型"。
② 为便于分析,后文简称为"BC(1992)模型"。

$$u_{it} \sim N^+(m_{it}, \sigma_u^2) \tag{2-31}$$

$$m_{it} = \delta_0 + z_{it}\delta + \omega_{it} \tag{2-32}$$

式（2-31）和式（2-32）中，z_{it} 为影响技术非效率的因素（本书中亦称环境因素）；δ_0 为常数项；δ 为影响因素的系数向量，若系数为负，说明其对技术效率有正的影响，反之，则有负的影响；ω_{it} 为随机误差项。

但随机前沿分析并不能直接得到研发效率的变化值，还需结合其他方法进行求解，这些方法又可以分为两种：一种为基于求导方法测度，另一种是直接使用距离函数测度。

我们简单介绍一下基于求导方法测度。按照科埃利等（1998）的研究，我们可以测度得到技术效率为：

$$TE_{it} = E\left[\frac{\exp(-u_{it})}{e_{it}}\right] \tag{2-33}$$

式（2-33）便为技术效率计算的基本公式，根据式（2-33）便可测度技术效率指数。

如果存在两个时间段 s 和 t，则效率变化指数 $TECH$ 便可定义为：

$$TECH_{it} = \frac{TE_{it}}{TE_{is}} \tag{2-34}$$

技术进步指数和模型的设定有很大的关系，如果设定的模型不包含时间趋势，我们可以认为技术并不发生进步；如果设定的模型中包含了时间趋势，则对于决策单元 i 而言，技术进步指数就为时间的生产函数的导数，即为：

$$TC_{it} = \frac{\partial \ln y_{it}}{\partial t} \tag{2-35}$$

根据式（2-35）便可测度得到技术进步率。根据科埃利等（1998）的研究，如果模型的生产函数设定为超越对数生产函数时，技术进步指数就等于对数求导的算术平均值的指数，即：

$$TC_{it} = \exp\left[\frac{1}{2}\left(\frac{\partial \ln y_{is}}{\partial s} + \frac{\partial \ln y_{it}}{\partial t}\right)\right] \tag{2-36}$$

通过使用式（2-34）和式（2-36），就可把技术效率变化和技术进步的指数相乘得到随机前沿分析框架下式（2-21）定义的曼奎斯特全要素研发效率指数。

前沿函数方法除了可以测度研发效率外，还可以将研发效率的增长分解为技术效率的改变和技术进步的改变两部分，可以让我们清楚地了解到研发效率增长的源泉。前沿生产函数方法还有一个重要的应用便是可以有效估算效率的影响因素，这种包含了影响因素的模型我们将在第七章中进行介绍。

第九节　各种测度方法的比较与选择

通过本章的研究可以看出，测度研发效率的方法有很多种，不同的方法有不同的适用性，为了更加明确各种方法的适用性，我们简单介绍一下各种方法的优缺点。

一般而言，单要素研发效率方法和增长核算方法都需要知道具体的价格信息，特别是各投入变量在生产函数中所占的份额，从本质上说，增长核算方法和单要素研发效率方法都可以看成是综合指数方法的特殊形式。两者的不同点在于综合指数方法相对增长核算方法来说是对生产率的动态测度，可以测度出生产率的动态变化特征，而增长核算方法和单要素研发效率方法只能测得研发效率的水平值。

相较于综合指数方法（Törnqvist 指数和费希尔理想指数）和增长核算方法，前沿生产函数方法优点有以下四点：一是前沿生产函数方法不需要价格信息；二是决策单元都是完全有效率的假设是不必要的；三是前沿生产函数方法不用假设行为目标，如成本最小化和收益最大化；四是前沿生产函数方法可以将全要素生产率的变化分解为若干部分，如技术进步（TC）、技术效率变化（TEC）和规模变化（SC）。当然，前沿生产函数方法也有缺点，它的缺点在于只有观测到一系列决策单元（DMU）在每个时间点的状态，才能估计每年的技术。因此,前沿生产函数方法只有在数据量比较充分时才能得到有效的估计;如果只有很少的时间序列数据,运用指数算法进行合理假设也可以获得全要素生产率变化的有效估计,因为索洛余项方法和指数算法只需要两个数据点就可以计算研发效率。

　　本章只是简单地介绍了各种测度方法的基本原理,各种方法都有其拓展形式,特别是数据包络分析方法的拓展形式非常丰富,我们需要根据具体的研究对测度方法进行变化才能加以应用。特别是在测度中国与世界主要国家的研发效率的过程中,不同的数据可以采用不同的方法进行测度。如果数据的可获得性较大,不存在数据缺失问题,可以采用增长核算方法和前沿生产函数方法;如果存在较多的缺失数据,最好使用增长核算方法进行测度;而如果劳动力投入和资本投入一方数据缺失严重,则单要素研发效率法会更加适用。但无论是增长核算方法还是单要素研发效率方法都不能有效地估计生产前沿面,也不能了解研发效率进步的源泉,如果我们还想进一步了解世界主要国家全要素研发效率的增长中究竟有多少是由技术效率引起的,又有多少是由技术进步引起的,则需要使用前沿生产函数方法,因为前沿生产函数方法不仅能很好地估计技术前沿面,而且能将全要素研发效率指数分解为技术效率指数和技术进步指数。

第三章　国家层面研发效率
面板数据构造

第二章介绍了测度研发效率的基本方法,本章将介绍如何构造研发效率测度的面板数据。要测度研发效率并进行国际比较,就要搜集到研发效率测度的相关数据,由于不同国家、不同行业的研发投入和产出指标,无论是从统计制度还是计价单位、计量方法上都存在一定差异,因此要测度研发效率,就要基于可比性原则构造可供国际比较的研发效率的投入—产出指标体系,变量的选择及其合理性决定了研发效率测度的准确性。本章介绍了如何基于可比性原则构造研发效率国家层面面板数据,并以此作为研发效率测度和影响因素分析的基础。

第一节　投入变量的选取

一、人员投入

与生产率的测度类似,度量研发效率的投入变量一般有人员投入和经费投入两种。对于研发活动而言,人员投入最直接的是使用研发人员投入数量来衡量,在世界银行世界发展指标数据库和联合国教育、科学及文化组织(联合国教科文组织）数据库中可以找到两种人员投入指标，一种是总研发人员投入（Total R&D Personnel）；另一种是研究人员投入（Researchers）。总研发人员是指参与新知识、新产品、新流程、新方法或新系统的概念成形或创造，以及相关项目管理的专业人员，包括参与 R&D 的博士研究生［"国际教育标准分类"（ISCED）1997 中的第 6 级］。研究人员指的是 R&D 研发人员中具备中级以上职称或博士学历（学位）的人员，主要指直接从事研发活动的人员。从概念上来看，技术人员层级包含了研发人员层级。我们根据世界银行世界发展指标数据库中的统计数据绘制了世界主要国家（地区）研发人员和技术人员全时当量均值统计图（见图 3-1）。

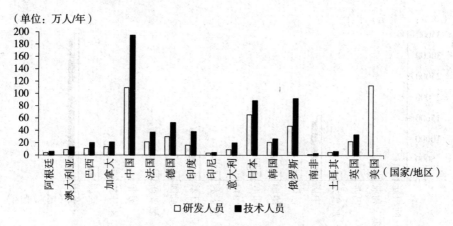

图 3-1　1996—2016 年世界主要国家（地区）研发人员和技术人员全时当量均值①

从图 3-1 中可以得出如下几点结论：第一，研发人员全时当量均值从统计数据上来看都要小于技术人员。这一点根据两者的定义和囊括的范围便可以看出。第二，中国的研发人员全时当量均值排名世界第二，略少于美国，但远大于其他国家，日本排名第三。中国的研发投入在世界主要国家中占据前列。

但比较遗憾的是，根据我们的统计数据，世界各国对技术人员的统计数据

①　限于篇幅，只报告部分国家结果。

并不是很全面。为了便于我们进行国际比较,在国家层面的分析研究中,我们使用研发人员数据来代表人员投入,并在统计上,选择研发人员全时当量数据来衡量研发人员投入而不是直接采用人员数来衡量。[①]

二、资本投入

资本投入可以从联合国教科文组织数据库和OECD统计数据库中找到研发经费总支出(Gross Domestic Expenditure on R&D,GERD)数据。在统计数据库中有研发经费支出原价(用本国货币表示)数据、购买力平价美元数据和按2005年计算的不变价购买力平价数据。

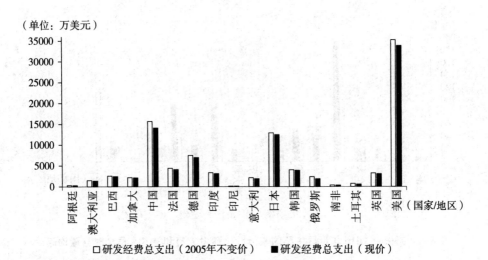

图3-2 1996—2016年世界主要国家(地区)研发经费总支出年均值

从图3-2中可以看出,研发经费总支出中最高的是美国,其次是中国,再次是日本,美国的研发经费总支出额远远高于日本和中国,其排名和研发人员

---

① 全时当量指全时人员数加非全时人员按工作量折算为全时人员数的总和。例如:有两个全时人员和三个非全时人员(工作时间分别为20%、30%和70%),则全时当量为2+0.2+0.3+0.7=3.2人/年。全时人员数比直接采用人员数能更好地反映人员投入,如在每天工作8小时的国家和每天工作7小时的国家即便人员投入数目一样,但是人员的实际投入工作时间并不一样。

投入一样;但是不同的是,美国的研发人员投入全时当量均值仅为中国的 1.038 倍,而美国的研发经费投入约为中国的 2.410 倍,表明美国相对而言是研发资本密集型国家,而中国相对而言是研发人员密集型国家。

同时需要注意的是,研发经费总支出是一个支出流量概念,并不足以反映支出的存量,为此,OECD 一般建议使用永续盘存法构造出 R&D 资本存量数据,永续盘存法的基本公式如下:

$$R_t = (1 - \sigma)R_{t-1} + E_t \tag{3-1}$$

式(3-1)中,R_t 是第 t 期 R&D 资本存量,E_t 是第 t 期 R&D 支出,σ 代表 R&D 折旧率。为了确定第 t 期 R&D 资本存量,我们需要解决以下几个问题:研发经费支出价格指数的构造,以便将以后每期的 R&D 支出用不变价表示;折旧率 σ 的确定;基期资本存量 R_0 的计算。

关于研发经费支出的测算。一般而言,只能找到研发经费总支出、企业研发经费支出等数据,对于国家层面研发效率的比较而言,使用研发经费总支出数据较为合理。

关于研发资本存量折旧率 δ 的核算方法。大多数文献对于折旧率并未有统一的认识。一般而言,文献较常使用的折旧率有 5%、15%、20%。卡夫罗斯 (Kafouros,2006)采用 20% 的折旧率;也有很多研究,如科和赫尔普曼(Coe 和 Helpman,1995)、科等(Coe 等,2009)采用 5% 的折旧率;而选择最多的则是 15% 的折旧率,大多数文献都直接根据经验判断采用 15% 的折旧率,如盖勒克 (Guellec,2001)、佛朗哥等(2016)等。本书也直接采用这种方法,直接选用 15% 的折旧率。

关于研发资本存量价格指数的构造。一般而言,大部分国际组织采取 GDP 平减指数平减后的数据作为研发资本存量的价格指数。由于世界银行世界发展指标数据库中直接提供了以 2005 年美元为基期的不变价研发经费支出数据,该数据是使用研发经费支出数据通过 GDP 平减指数平减后的结果,因此,并不需要进一步的平减,直接使用以 2005 年美元计价的总额数据不变价格研发经费支出数据便可。

关于基期资本存量的核算方法。采用美国经济分析局（BEA）和 OECD 通用的方法。假定物质资本存量 K 的平均增长率等于资产净投资 I 的平均增长率，即 $\dfrac{R_t - R_{t-1}}{R_{t-1}} = \dfrac{E_t - E_{t-1}}{E_{t-1}} = g$，其中，$g$ 为 I 的平均增长率，由此可得，当 $t=1$ 时，$R_1 = (1 + g)R_0$，又由式（3-1）可得，当 $t=1$ 时，$R_1 = E_1 + (1 - \delta)R_0$。将上述两式合并，可以测算出基期研发资本存量为：

$$R_0 = \frac{E_1}{g + \delta} \tag{3-2}$$

如果已知 E_1、g、δ 的值，便可以根据式（3-2）测算出基期研发资本存量。E_1、δ 的值如前所述，研发资本存量年均增长率 g 的值我们选取前五年的年均增长率来表示。

在解决了上述问题后，我们便可以根据式（3-1）测算出中国与世界主要国家的研发资本存量。

第二节　产出变量的选取

一、专利产出

对于研发产出来说，最直接的产出是专利产出，大多数研究也使用专利产出来代表研发产出。专利统计按申请国别和地区分类主要有本国专利（在本国申请的专利）、国际专利（申请人就一项发明创造在《专利合作条约》缔约国获得专利保护）和三方专利（申请人在美国、欧盟和日本均寻求保护的专利）等各种专利统计数据。一般而言，要寻求国际专利保护和三方专利保护都需要较高技术和发明创造的原创性，难度比仅在本国申请专利保护要大得多。我们可以直接从世界银行数据库和 OECD 数据库中搜集得到这三种专利指标。

但是,需要注意的是:并不是所有的专利都代表了创新,更不是所有的创新都会被专利化。第一,专利的价值是高度扭曲的,只有一小部分的专利具有较高的价值。谢勒和哈霍夫(Scherer 和 Harhoff,2000)对德国专利统计中揭示了大约10%的专利占了所有专利价值的80%以上。根据日本专利局的统计,超过60%的专利既没有在内部使用,也没有获得许可。企业使用专利战略的目的,仅仅是阻止其他公司申请专利或威慑他人而获得有关该专利的发明和申请。第二,也有很多发明是没有申请专利的。一项发明要获得专利保护,就必须满足一定的标准,比如说:新颖性、非显而易见性(或创造性步骤)和工业实用性。这些标准的解释会因时间和国家的不同而不同。此外,由于专利系统需要揭示较多的信息,如果企业认为他们能够通过其他的方式保护他们的创新,比如使用商业机密的形式,部分公司选择对他们的创新不实施专利保护。但是即便如此,专利产出仍然是最有效地衡量研发的信息来源。

（单位:千件）

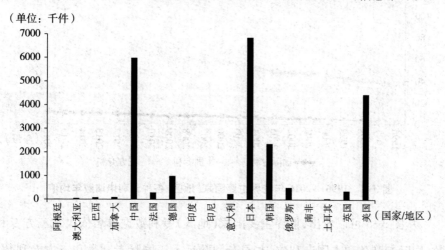

图 3-3　1996—2016 年世界主要国家(地区)各种本国专利申请数年均值

从图 3-3 和图 3-4 中可以看出,从专利产出的国际比较来看,本国专利产出最高的是日本,其次是中国,再次是美国。但中国的三方专利产出和国际专利产出寥寥无几,世界排名前三的是美国、日本、德国。由此可见中国的专利产出在数量上占据世界前列,但是在质量上与世界技术领先国家仍然有一定的差距。

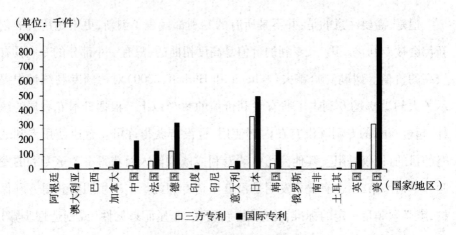

图 3-4　1996—2016 年世界主要国家(地区)各种
专利申请数年均值三方专利和国际

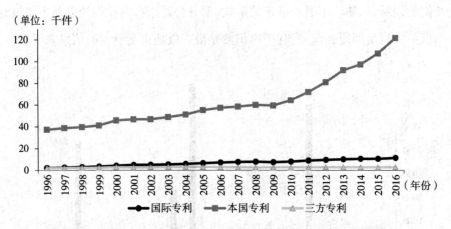

图 3-5　1996—2016 年世界主要国家(地区)各种专利申请数年均值

从图 3-5 可以看出,世界主要国家(地区)专利数据排名依次为三方专利数、国际专利数和本国专利数,本国专利数远大于国际专利数和三方专利数。其中,三方专利数最少,虽然三方专利能很好地衡量各国的科技实力,但是三方专利这一指标对于很多国家而言并不适用,很多国家每年申请的三方专利数都只有几项,个别年份甚至没有申请三方专利。① 另外,从图 3-5 中可以看

---

① 如果申请人并不想寻求在日本、美国、欧盟等国家(地区)的专利保护,三方专利就为 0。

出,从趋势上而言,世界主要国家(地区)三种专利数都呈现出增长趋势,其中三方专利和国际专利增长趋势较为一致,因此,选择三方专利还是国际专利在确定各国的研发效率的排名上差异应该不大。综合而言,本书使用本国专利数和国际专利数两个统计指标来反映各国的专利产出。

二、科技论文产出

研发活动除了创造专利产出外,另一个重要的产出便是科技论文特别是高质量的科技论文的产出。很多研究如埃里克·王等(2007)也将科技论文产出作为研发产出的重要衡量指标。科技论文数主要可以依据美国科学和工程指标(S&E)数据库中的各国科学和工程论文数据(Science & Engineering article),该数据主要统计斯科普斯(Scopus)数据库中的各国科学引文索引(SCI)及社会科学引文索引(SSCI)的刊物中的文章数量,根据论文的年份和作者的机构地址将作者分配到各个国家,如果一篇文章有多个国家多个作者合作,便以分数来统计权重(即对于来自多个国家/经济体的合作机构的文章,按每个国家/经济体在文章分数中所占的比例来统计)。[①]

直接采用科技论文产出这一指标能否完全反映一个国家的科技产出一直以来存在争议,因为大多数科技论文其创新性不够,论文数量也很显然和该国的科研人员数量呈正相关。对科技论文来说,很多学者强调要从质量上来衡量科技论文产出,科技论文产出质量最好的衡量标准就是其引用率,我们可以从美国科学和指标数据库中找到各国在斯科普斯数据库中出版物的平均引用率数据,来代表科技论文的产出质量。

我们根据斯科普斯数据库中的统计数据绘制了世界主要国家(地区)科技论文数及年平均引用率(1996—2016年)年均值统计图(见图3-6和图3-7)。

---

①　斯科普斯是全世界最大的摘要和引文数据库,涵盖了15000种科学、技术及医学方面的期刊。

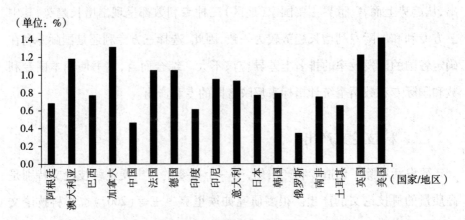

（单位：%）

图 3-6　1996—2016 年世界主要国家(地区)科技论文平均引用率年均值

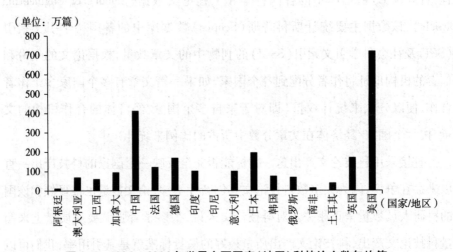

（单位：万篇）

图 3-7　1996—2016 年世界主要国家(地区)科技论文数年均值

从图 3-6 和图 3-7 中可以看出,从国际比较角度出发,科技论文数世界排名依次为美国、中国、日本。平均引用率世界排名依次为美国、加拿大、英国,中国的平均引用率排名并不靠前,这表明中国依靠研发人员数量上的优势,在以科技论文数为代表的研发产出上占据世界前列,但是在以平均引用率为代表的研发产出上并没有显著的优势。与之相反的是印度,印度科技论文数产出很少,但是平均引用率位居世界前列。

三、高技术产业发展产出

研发产出中科技论文数和专利数并不能直接反映研发所带来的经济绩效,从研发产出到经济绩效还需要一定的转化过程。如前所述,使用专利衡量研发产出学者们也一直存在质疑,这主要是由于一些发明并不申请专利,因此专利在反映创新活动的全部成果时存在不足(Rake 和 Grilices,1984);而且由于专利质量的不同,在体现创新成果的经济价值上也存在一定的缺陷(Grilices,1990;吴延兵,2006)。基于此,一些学者开始尝试一些新的指标,比如新产品开发项目数(冯根福等,2006;吴延兵,2008)、新产品销售收入(张海洋等,2003;朱有为、徐康宁,2006)等。显然,新产品开发项目数存在着与专利类似的缺陷,即并不能全面反映出创新成果的经济价值和商业化水平;而新产品销售收入则能够较好地解决上述缺陷。从市场角度考量,我们可使用新产品销售收入来反映研发产出,新产品销售收入反映了研发成果的转化情况。

但是这一数据在很多国家都有缺失,甚至许多国家并没有新产品销售收入的统计数据,为了便于分析,我们可以从美国科学和工程指标数据库中找到各国高技术产业增加值数据。但高技术产业增加值要衡量研发产出有一定的缺陷:第一,高技术产业和研发密集型行业有一定的差异,很多国家的研发投入并不一定投入高技术行业;第二,高技术行业产出有可能是由于跨国公司的产业转移所造成的。相比之下,高技术产品出口额更能从质量上反映研发产出情况,高技术产业出口更能代表一国的技术实力,根据异质性贸易理论,具有高生产率的企业会选择出口,因此,这一指标同高技术产业增加值相比,更能从质量上反映研发效率。

图3-8 为世界主要国家(地区)高技术产业增加值和高技术产品出口额年均值统计图,从图3-8 中可以看出,美国在高技术产业增加值中排名第一,中国排名第二,日本排名第三;但是中国在高技术产品出口额中排名第一,美

国排名第二,德国排名第三。这一排名基本上与研发人员和研发资本的排名相一致。

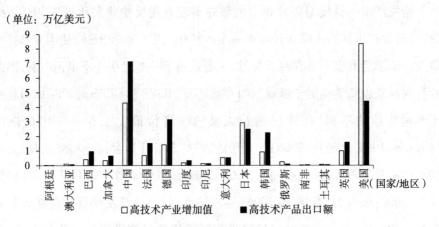

图 3-8　1996—2016 年世界主要国家（地区）高技术
产业增加值和高技术产品出口额年均值

第三节　研发效率的投入—产出指标体系

这一部分主要阐释了如何构造研发产出的投入—产出指标体系,并利用各数据库的数据,搜集到了投入—产出指标的数据。根据产出指标的不同,我们可以将研发效率的投入—产出指标体系分为两类:一类是数量指标体系,仅从数量角度来衡量产出,这类指标为本国专利数、高科技论文数、高技术产业增加值;另一类为质量指标体系,从质量上来衡量科技产出,这类指标为国际专利数、高科技论文平均引用率、高技术产品出口额(见表3-1)。

表 3-1　研发效率的投入—产出指标体系

项目		数量指标体系	质量指标体系
投入指标	人员	技术人员	研发人员
	资本	研究与发展经费（购买力平价平减）	研究与发展经费（购买力平价平减）

续表

	项目	数量指标体系	质量指标体系
产出指标	专利	本国专利数	国际专利数
	科技论文	高科技论文数	高科技论文平均引用率
	高技术产业发展	高技术产业增加值	高技术产品出口额

　　已有研究表明,正确选择投入和产出指标是进行效率分析的关键。一般而言,选择投入和产出指标应符合以下四个条件:第一,客观反映评价对象的竞争力水平;第二,不同投入和产出指标内部具有一定的区分度,能够体现基于多指标投入和多指标产出的系统综合评价特征;第三,管理的可控性;第四,指标数据的可获得性。基于此,本书构建了能够反映研发效率的投入—产出指标体系。表3-1的研发效率的投入—产出指标体系基本上涵盖了研发效率评价的各种投入和产出指标,其覆盖面广,而且开创性地从数量和质量两个方面对研发效率进行评价,根据这个投入—产出指标体系能够比较充分地评价各国的研发效率。

第四章　国家层面研发效率
测度及国际比较

在进行国家层面研发效率的测度和国际比较时,我们需要尽可能多地搜集可供用于国际比较的数据,考虑数据可获得性和完整性原则,本书选取了阿根廷、澳大利亚、奥地利、比利时、巴西、加拿大、中国、捷克、丹麦、芬兰、法国、德国、希腊、匈牙利、印度、爱尔兰、意大利、日本、墨西哥、荷兰、新西兰、挪威、波兰、葡萄牙、韩国、罗马尼亚、俄罗斯、新加坡、斯洛伐克、南非、西班牙、瑞典、土耳其、乌克兰、英国、美国共 36 个国家 1996—2013 年的投入—产出面板数据,根据第三章构建的研发效率投入—产出国家层面数据库进行国际比较。

第一节　研究方法——超效率 DEA 模型

在使用第二章传统的 DEA 方法计算效率值时,计算结果往往存在多个有效的决策单元(效率值为 1),此时无法对有效决策单元之间的效率值再进行比较。为了弥补这一不足,安徒生和彼得森(Andersen 和 Peterson,1993)提出了超效率模型(以下简称"AP 模型"),从而有效地解决了决策单元间的对比问题。

AP 模型的基本思想是:对决策单元进行效率评价时,对于没有达到 DEA 有效的决策单元,其生产的前沿面不会发生变化,评价结果与 DEA-CCR 模型相同。对于 DEA 有效的决策单元,超效率模型将其生产前沿面进行重新计算推移,使得超效率模型最终计算出来的效率值大于 CCR(C2R)模型的效率值。该模型对传统 DEA 效率值为 1 的样本决策单元(DMU)进行了重新排序。其基本思路是:在评价某个样本决策单元 DMU 时,表征技术效率最优的生产前沿面所对应的所有样本决策单元(DMU)的投入和产出线性组合中将不包含 DMU 本身的投入和产出信息。将 AP 模型与传统 CCR 模型计算结果进行对比发现:第一,当 DMU 为"非 DEA 有效"或"弱 DEA 有效"时,AP 模型与 CCR 模型计算的效率值完全相等;第二,当 DMU 为"DEA 有效"时,AP 模型计算的效率值均大于 CCR 模型计算的效率值。此时,依据效率值的大小能够对所有 DMU 进行效率排序。继 AP 模型之后,迈赫拉宾等(Mehrabian 等,1999)针对 AP 模型在特殊情况下不稳定的缺陷,提出了一种改进型超效率 DEA 模型——MAJ 模型;李山岭等(Li Shanling 等,2007)在不改变 AP 模型约束条件的基础上,通过将单变量目标函数扩展为多变量目标函数,构建了另一种改进的超效率 DEA 模型——LJK 模型。需要指出的是,上述超效率 DEA 模型均假设在规模报酬不变(Constant Returns to Scale,CRS)条件下成立。朱乔(Joe Zhu,2009)在此基础上进一步拓展为规模报酬可变(Variable Return to Scale,VRS)、非递增规模报酬(Non-increasing Returns to Scale,NIRS)、非递减规模报酬(Non-decreasing Returns to Scale,NDRS)条件下的超效率 DEA 模型,具体分类如表 4-1 所示。

表 4-1　超效率 DEA 模型分类[①]

模型类型	投入导向	产出导向
CRS	$\min \theta^{super} - \varepsilon \left(\sum_{i=1}^{m} s_i^- + \sum_{r=1}^{s} s_i^+ \right)$ 满足: $\sum_{\substack{j=1 \\ j \neq j_0}}^{n} \lambda_j x_{ij} + s_i^- = \theta^{super} x_{ij_0}, i = 1, 2, \cdots, m;$ $\sum_{\substack{j=1 \\ j \neq j_0}}^{n} \lambda_j x_{rj} + s_i^+ = y_{rj_0}, r = 1, 2, \cdots, s;$ $\lambda_j \geqslant 0, j \neq j_0$	$\max \varphi^{super} + \varepsilon \left(\sum_{i=1}^{m} s_i^- + \sum_{r=1}^{s} s_i^+ \right)$ 满足: $\sum_{\substack{j=1 \\ j \neq j_0}}^{m} \lambda_j x_{ij} + s_i^- = x_{ij_0}, i = 1, 2, \cdots, m;$ $\sum_{\substack{j=1 \\ j \neq j_0}}^{n} \lambda_j y_{rj} - s_r^+ = \phi^{super} y_{rj_0}, r = 1, 2, \cdots, s;$ $\lambda_j \geqslant 0, j \neq j_0$
VRS	附加约束: $\sum_{j=1}^{n} \lambda_j = 1$	附加约束: $\sum_{j=1}^{n} \lambda_j = 1$
NIRS	附加约束: $\sum_{j=1}^{n} \lambda_j \leqslant 1$	附加约束: $\sum_{j=1}^{n} \lambda_j \leqslant 1$
NDRS	附加约束: $\sum_{j=1}^{n} \lambda_j \geqslant 1$	附加约束: $\sum_{j=1}^{n} \lambda_j \geqslant 1$

　　超效率模型与经典 CCR 模型的唯一区别是将被评价的决策单元排除在生产可能集之外。在进行效率测算时,对于有效决策单元效率的测算,其效率值必然不小于 1,其含义为如果该决策单元的投入提高到计算出的效率值比例时,该决策单元仍可在该集合内保持相对有效。

第二节　世界主要国家(地区)研发 效率测度结果分析

　　我们运用超效率 DEA 模型分析比较 1996—2016 年中国与世界主要国家(地区)的研发效率变动情况。由于我们的数量指标体系和质量指标体系主要是根据产出变量的不同所设计,所以采用面向产出的超效率 DEA 模型可以

[①] Joe Zhu, "Quantitative Models for Performance Evaluation and Benchmarking: Data Envelopment Analysis with Spreadsheets", *Springer*, 2014, pp.205–225.

更加明确中国在世界各国中的研发效率发展与变动情况；也由于在现实中所有的决策单元（DMU）不可能都在最优的规模下进行研发和生产，所以我们进一步增加规模报酬可变（VRS）的假设能够更加符合实际情况。其结果如表4-2和表4-3所示。

表4-2　1996—2016年世界主要国家（地区）国家
层面研发效率测度结果（数量指标体系）

决策单元＼年份	1996	1999	2002	2005	2008	2011	2012	2013	2014	2015	2016	平均值	排名
阿根廷	0.59	0.56	0.53	0.41	0.38	0.38	0.37	0.36	0.39	0.37	0.38	0.43	36
澳大利亚	0.98	0.93	0.87	0.88	0.83	0.86	0.83	0.85	0.88	0.88	0.89	0.88	16
奥地利	0.72	0.72	0.65	0.61	0.60	0.59	0.59	0.57	0.56	0.56	0.56	0.61	31
比利时	0.72	0.66	0.68	0.73	0.72	0.70	0.67	0.68	0.67	0.65	0.63	0.68	28
巴西	0.50	0.38	0.42	0.47	0.63	0.68	0.69	0.65	0.64	0.62	0.63	0.57	34
加拿大	1.00	0.85	0.79	0.85	0.83	0.82	0.83	0.81	0.81	0.80	0.79	0.83	19
中国	0.98	0.93	1.29	1.71	2.05	2.33	2.36	2.64	2.96	3.60	4.38	2.29	2
捷克	0.64	0.59	0.94	0.68	0.72	0.82	0.78	0.75	0.78	0.80	0.82	0.76	23
丹麦	0.86	0.85	0.66	0.60	0.56	0.61	0.64	0.65	0.69	0.67	0.64	0.68	29
芬兰	0.79	0.81	0.67	0.61	0.61	0.44	0.45	0.47	0.50	0.49	0.55	0.58	33
法国	0.69	0.70	0.73	0.76	0.76	0.73	0.69	0.66	0.66	0.67	0.64	0.70	26
德国	0.76	0.80	0.82	0.85	0.93	0.79	0.77	0.76	0.79	0.76	0.75	0.80	22
希腊	1.34	0.96	1.25	1.31	1.34	0.89	0.90	0.81	0.83	0.75	0.79	1.02	13
匈牙利	1.45	1.16	0.93	0.89	0.80	0.76	0.74	0.68	0.63	0.56	0.53	0.83	20
印度	0.58	0.48	0.62	0.64	0.74	1.00	1.05	1.08	1.10	1.01	1.08	0.85	18
爱尔兰	1.00	1.00	16.61	7.57	3.38	1.00	3.70	2.33	1.36	1.80	2.47	3.84	1
意大利	0.89	1.13	1.46	1.48	1.43	1.33	1.28	1.25	1.25	1.31	1.29	1.28	6
日本	4.03	3.90	3.18	2.43	1.99	1.21	1.08	0.85	0.75	0.66	0.56	1.88	4
墨西哥	0.66	1.44	1.46	0.88	0.95	0.78	0.78	0.80	1.11	1.06	0.99	0.99	15
荷兰	1.09	0.93	0.85	0.91	0.92	0.84	0.74	0.71	0.72	0.69	0.71	0.83	21
新西兰	1.58	2.21	1.45	1.37	1.20	0.98	1.37	1.06	0.98	0.66	0.71	1.23	8
挪威	0.54	0.53	0.55	0.64	0.61	0.59	0.64	0.62	0.63	0.57	0.62	0.59	32

续表

决策单元＼年份	1996	1999	2002	2005	2008	2011	2012	2013	2014	2015	2016	平均值	排名
波兰	0.94	0.92	1.35	1.24	1.33	1.28	1.32	1.31	1.36	1.33	1.36	1.25	7
葡萄牙	0.49	0.57	0.56	0.60	0.55	0.61	0.66	0.74	0.78	0.76	0.76	0.64	30
韩国	1.62	1.12	1.29	1.73	1.68	1.36	1.21	1.08	0.93	0.81	0.66	1.23	9
罗马尼亚	0.40	0.45	0.75	0.73	1.01	1.64	1.51	1.64	1.56	1.77	1.54	1.18	10
俄罗斯	1.27	1.15	0.93	0.58	0.54	0.49	0.49	0.52	0.65	0.77	0.87	0.75	25
新加坡	2.62	0.89	0.95	1.27	1.21	1.79	1.85	1.73	1.60	1.36	1.11	1.49	5
斯洛伐克	1.00	1.00	1.00	1.00	1.00	1.00	1.00	1.00	1.00	1.00	1.00	1.00	14
南非	0.83	0.93	0.74	0.62	0.68	0.69	0.72	0.72	0.85	0.70	0.79	0.75	24
西班牙	1.14	1.15	1.09	1.02	0.97	1.01	1.03	0.99	1.01	0.97	0.96	1.03	12
瑞典	0.88	0.84	0.61	0.63	0.64	0.76	0.77	0.62	0.63	0.61	0.58	0.69	27
土耳其	0.53	0.65	1.12	1.13	0.97	0.92	0.87	0.88	0.83	0.84	0.85	0.87	17
乌克兰	0.42	0.60	0.38	0.41	0.39	0.39	0.41	0.43	0.45	0.45	0.51	0.44	35
英国	1.33	1.46	1.32	1.12	1.10	0.99	0.97	0.95	1.09	1.08	1.07	1.13	11
美国	3.84	3.40	3.41	2.78	2.35	1.46	1.36	1.29	1.25	1.21	1.16	2.14	3

资料来源:根据 DEA-Solver 软件测算所得。

表4-3 1996—2016 年世界主要国家(地区)国家层面研发效率测度结果(质量指标体系)

决策单元＼年份	1996	1999	2002	2005	2008	2011	2012	2013	2014	2015	2016	平均值	排名
阿根廷	0.52	0.57	0.64	0.68	0.69	0.66	0.67	0.67	0.62	0.61	0.62	0.63	27
澳大利亚	0.90	0.84	0.88	0.83	0.85	0.87	0.84	0.84	0.86	0.86	0.86	0.86	21
奥地利	0.95	0.84	0.82	0.84	0.80	0.90	0.87	0.92	0.92	0.91	0.88	0.88	18
比利时	0.88	0.84	0.90	0.92	0.92	0.93	0.88	0.88	0.90	0.90	0.90	0.90	17
巴西	0.58	0.53	0.57	0.55	0.49	0.46	0.43	0.43	0.43	0.43	0.43	0.48	33
加拿大	0.98	0.92	0.91	0.89	0.86	0.86	0.80	0.80	0.82	0.82	0.82	0.86	20
中国	0.38	0.48	0.89	1.58	2.09	2.49	2.70	2.89	3.02	3.26	2.91	2.06	3
捷克	0.45	0.50	0.52	0.56	0.56	0.61	0.64	0.63	0.58	0.57	0.57	0.56	29

续表

年份 决策单元	1996	1999	2002	2005	2008	2011	2012	2013	2014	2015	2016	平均值	排名
丹麦	1.03	1.11	1.09	1.13	1.12	1.11	1.07	1.07	1.09	1.10	1.10	1.09	9
芬兰	1.20	1.34	1.07	0.96	0.89	0.90	0.97	0.96	1.02	0.99	1.01	1.03	11
法国	0.82	0.83	0.80	0.79	0.82	0.81	0.78	0.78	0.80	0.79	0.77	0.80	23
德国	1.35	1.39	1.46	1.41	1.35	1.20	1.15	1.16	1.23	1.11	1.12	1.27	7
希腊	1.06	0.84	0.89	0.87	0.86	0.87	0.92	0.92	0.96	0.96	0.96	0.92	14
匈牙利	1.51	1.11	0.79	0.78	0.86	0.93	0.82	0.79	0.79	0.75	0.74	0.90	16
印度	0.45	0.43	0.50	0.52	0.50	0.44	0.41	0.40	0.42	0.42	0.42	0.45	34
爱尔兰	1.00	1.00	17.77	4.70	2.53	1.00	3.17	1.91	1.04	1.08	1.51	3.34	1
意大利	0.70	0.70	0.77	0.77	0.78	0.80	0.79	0.79	0.80	0.80	0.80	0.77	25
日本	1.09	0.95	0.87	1.07	1.20	1.67	1.76	1.66	1.60	1.66	1.69	1.38	6
墨西哥	0.59	0.64	0.58	0.51	0.50	0.50	0.51	0.50	0.58	0.58	0.60	0.55	30
荷兰	1.08	1.20	1.46	1.31	1.30	1.14	1.08	1.09	1.20	1.16	1.05	1.19	8
新西兰	1.58	1.95	1.72	1.66	1.39	1.42	1.44	1.41	1.56	1.47	1.34	1.54	5
挪威	0.83	0.86	1.00	0.93	0.93	0.94	0.91	0.91	0.94	0.90	0.90	0.91	15
波兰	0.44	0.45	0.44	0.47	0.44	0.52	0.53	0.53	0.52	0.51	0.51	0.49	32
葡萄牙	0.71	0.91	0.91	0.88	0.83	0.78	0.81	0.81	0.78	0.79	0.79	0.82	22
韩国	0.64	0.71	0.73	0.83	0.92	0.95	0.91	0.94	1.01	1.03	0.96	0.88	19
罗马尼亚	0.38	0.44	0.58	0.65	0.56	0.63	0.61	0.61	0.73	0.75	0.76	0.61	28
俄罗斯	0.30	0.31	0.30	0.33	0.33	0.34	0.38	0.37	0.36	0.36	0.36	0.34	36
新加坡	3.19	2.01	1.91	2.61	3.09	3.13	3.35	3.45	2.41	2.32	2.15	2.69	2
斯洛伐克	1.00	1.00	1.00	1.00	1.00	1.00	1.00	1.00	1.00	1.00	1.00	1.00	12
南非	0.60	1.64	0.69	0.77	0.76	0.75	0.75	0.75	0.73	0.68	0.67	0.80	24
西班牙	0.67	0.69	0.71	0.71	0.71	0.75	0.72	0.72	0.73	0.73	0.73	0.72	26
瑞典	1.37	1.18	0.97	0.91	0.92	1.06	1.18	0.98	1.02	1.03	1.03	1.06	10
土耳其	0.49	0.48	0.54	0.55	0.53	0.48	0.46	0.46	0.47	0.47	0.47	0.49	31
乌克兰	0.22	0.26	0.30	0.34	0.35	0.44	0.41	0.42	0.39	0.40	0.41	0.36	35
英国	1.04	1.07	1.06	0.93	0.91	0.89	0.86	0.87	0.90	0.89	0.89	0.94	13
美国	2.89	2.96	2.68	1.90	1.66	1.39	1.38	1.47	1.49	1.46	1.38	1.88	4

资料来源:根据 DEA-Solver 软件测算所得。

从整体而言,数量指标体系和质量指标体系所测得的研发效率值存在着差异,特别是在部分国家(如西班牙、德国等)差异较为明显。印度、意大利、罗马尼亚、西班牙、土耳其等国家的研发效率在数量指标体系中比在质量指标体系中排名靠前,一旦采用质量指标体系来测度研发效率,这些国家的研发效率就会非常低,处于这36个国家的后几名。丹麦、德国、荷兰、瑞典在质量指标体系中研发效率的测度结果比在数量指标体系中高,在采用质量指标体系时,丹麦、德国、荷兰、瑞典的研发效率均大于1,处于技术前沿面,这一点比较符合我们的预期。德国、荷兰等国家都是技术领先国家,其研发更加注重质量而非数量,但印度、土耳其等国家的科技产出更加注重数量。这一结论表明要更准确地反映世界范围内的研发效率发展现状,占据技术领先地位,采用质量指标体系相对数量指标体系更有说服力。

从国别来看,如果使用数量指标体系来测度,研发效率最高的国家依次为爱尔兰、中国、美国、日本、新加坡等国。如果采用质量指标体系来测度研发效率,研发效率最高的国家依次为爱尔兰、新加坡、中国、美国、新西兰,其中,日本和新西兰结果差异较为明显。中国、希腊、爱尔兰、意大利、日本、新西兰、波兰、韩国、罗马尼亚、新加坡、斯洛伐克、西班牙、英国、美国在数量指标体系的测算中大多数年份都实现了技术有效;而中国、丹麦、芬兰、德国、爱尔兰、日本、荷兰、新西兰、新加坡、斯洛伐克、瑞典、美国在质量指标体系的测算中大多数年份都实现了技术有效。由此我们可以看出,无论是根据数量指标体系还是质量指标体系,发达国家的研发效率都较高,比如爱尔兰、美国、新加坡等国家的研发效率处于世界前列。相对而言,发展中国家的研发效率与发达国家还有一定差距,但是近年来,一些新兴的发展中国家正在努力缩小这个差距,比如中国、印度,这两个金砖国家的研发效率正在逐步提高,尤其是中国,无论是数量指标体系还是质量指标体系的研发效率测度结果,都呈现出显著的进步趋势。特别是质量指标体系下中国的研发效率由1996年在36个国家排名第三十三位上升到在2016年排名第一位,这表明在中国改革开放及创新驱动发展等一系列发展战略的实施下,中国的研发效率进步明显。

第三节　中国的研发效率测度结果分析

表4-4为1996—2016年中国研发效率测度结果及其排名,从表4-4中可以看出,无论是根据数量指标体系还是质量指标体系,中国研发效率测度结果在趋势上大体保持一致。根据表4-4,我们还可以得到如下结论。

第一,在1996—2016年间,中国的研发效率进步较为明显,在2003年后,无论是从数量指标体系还是从质量指标体系看,中国的研发效率值都大于1,实现了技术有效性,迈入世界前列。这充分说明伴随着中国创新驱动等一系列发展战略的实施,中国研发投入显著提高,国家对技术创新的重视加大,研发效率也实现了较大提高,研发资源利用性也得到提升。

第二,在1996—2002年间,质量指标体系的排名及测度结果要远远低于数量指标体系,但在2003年之后,两者之间的差距在逐步缩小。这可能是由于中国科学技术发展起步晚于其他发达国家,而质量指标体系的衡量指标国际专利数、高科技论文平均引用率、高技术产业出口额等对一国的科学技术和基础创新能力都有很高的要求,这些在中国20世纪90年代中期并不具备相应的基础,导致中国的科技产出只有数量没有质量,所以在2002年前中国质量指标体系测度出来的研发效率较低;但随着中国2001年加入世界贸易组织,通过不断吸收国外先进技术,中国的科学技术水平的提高较为明显,质量指标体系的测度结果也有了较大改善。这也充分表明中国的研发效率由以往只注重数量上的增加逐渐转变为注重质量上的提升,中国开始追求在研发效率上超越发达国家。

表4-4　1996—2016年中国研发效率测度结果及其排名

年份	数量指标体系		质量指标体系	
	研发效率	排名	研发效率	排名
1996	0.98	15	0.38	33

年份	数量指标体系		质量指标体系	
	研发效率	排名	研发效率	排名
1997	1.02	12	0.41	34
1998	1.06	11	0.43	34
1999	0.93	17	0.48	31
2000	1.13	10	0.52	31
2001	1.26	7	0.67	24
2002	1.29	10	0.89	16
2003	1.46	6	1.17	7
2004	1.51	6	1.35	6
2005	1.71	5	1.58	5
2006	1.80	4	1.71	4
2007	1.89	4	1.96	3
2008	2.05	3	2.09	3
2009	2.15	2	2.21	3
2010	2.16	1	2.56	2
2011	2.33	1	2.49	2
2012	2.36	2	2.70	3
2013	2.64	1	2.89	2
2014	2.96	1	3.02	1
2015	3.60	1	3.26	1
2016	4.38	1	2.91	1

资料来源:根据 DEA-Solver 软件测算所得。

第四节　金砖五国和七国集团
研发效率测度结果①

为了更进一步分析各国的研发效率,我们将金砖五国和七国集团的研发

---

① 金砖五国为俄罗斯、中国、巴西、印度、南非;七国集团为英国、美国、德国、法国、日本、意大利、加拿大。

效率测度结果进行对比分析,以明确中国在这些国家中的研发效率水平。

图 4-1 和图 4-2 分别为利用数量指标体系和质量指标体系测度出来的金砖五国研发效率结果。无论从数量指标体系还是质量指标体系的测度结果中都可以看出,中国的研发效率进步都较为明显,从 2001 年开始赶超其他四个国家以后,与其他四个金砖国家的差距逐渐拉大。部分金砖国家研发效率表现不太好,甚至在 1996—2005 年间,研发效率呈现小幅下降趋势,而在 2005 年之后,研发效率虽有缓慢提升,但提升幅度远远小于中国,并均处在技术前沿面之下,这表明中国的研发效率表现要远远优于其他金砖国家。

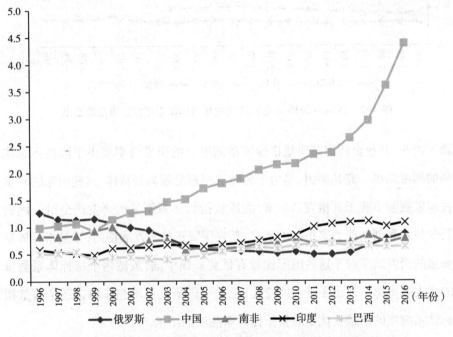

图 4-1　1996—2016 年金砖五国数量指标体系研发效率测度结果

我们再通过表 4-2 和表 4-3,对金砖五国研发效率的均值进行比较,我们发现在数量指标体系下,巴西、印度、南非、俄罗斯、中国的研发效率平均值分别为 0.57、0.85、0.75、0.75、2.29;在质量指标体系下,巴西、印度、南非、俄罗斯、中国的研发效率平均值分别为 0.48、0.45、0.80、0.34、2.06。我们发现,

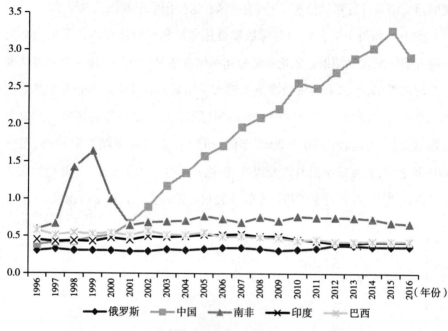

图 4-2　1996—2016 年金砖五国质量指标体系研发效率测度结果

除了南非，其他金砖国家质量指标体系测度出的研发效率要小于数量指标体系的测度结果。究其原因，是由于金砖五国都是新兴经济体，这些国家的科学技术发展起步晚于其他发达国家，而质量指标体系衡量的研发产出对一国的科学技术和创新能力有很高的要求，新兴国家正处于发展期间，数量指标体系衡量的研发效率对于这些国家比较有优势。而中国，虽然两个指标体系衡量的研发效率都呈现出了进步性变化，但是中国研发产出整体而言还是数量指标体系测度的结果要优于质量指标体系测度的结果。

图 4-3 和图 4-4 分别为利用数量指标体系和质量指标体系测度出来的七国集团（G7）研发效率结果。七国集团的研发效率和金砖五国的研发效率呈现出了不一样的数据特征。

从数量指标体系来看，美、日两国的研发效率虽然呈下降趋势，但是仍然一直保持在技术前沿面上，在 2002 年之前，两国的研发效率均在 300% 以上，

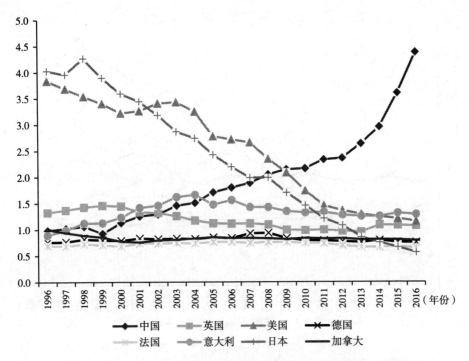

图 4-3　1996—2016 年中国和七国集团数量指标体系研发效率测度结果

其他 G7 国家的研发效率小幅波动,但除法国外基本都处于技术前沿面。从质量指标体系来看,美国的研发效率从高位波动下降,日本的研发效率却在 2004 年后逐渐上升,其他 G7 国家的研发效率变动不大。对比金砖五国的研发效率,我们发现无论是从数量指标体系还是质量指标体系看,G7 国家的研发效率总体高于金砖五国。这是由于 G7 国家被称为"富国俱乐部",是公认的发达国家,这些国家的科学技术、创新能力走在世界前列。美国在经历了科学技术的高速发展之后,研发效率的增速开始放缓,但仍然呈现进步性变化;日本在第二次世界大战后致力于提升科研创新能力,在最初注重研发产出数量的阶段过去之后,开始更加注重研发产出的质量,所以日本数量指标测度的研发效率呈现下降趋势,质量指标测度的结果却逐年上升。其他发达国家虽然研发效率的变动不大,但基本在技术前沿面上。我们可以从这些分析中看

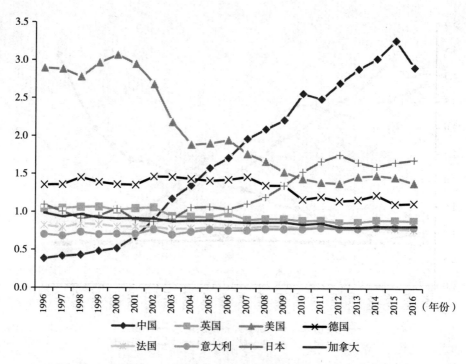

图 4-4　1996—2016 年中国和七国集团质量指标体系研发效率测度结果

出,发达国家和新兴国家的研发效率还是存在一定的差距,中国作为一个新兴国家,虽然取得了一定进步,但仍然需要大力发展科学技术,提高科研创新能力。

第五节　世界主要国家(地区)研发效率指数分解结果

为了进一步明确中国的研发效率发展现状,弄清中国研发效率与前沿国家差距成因。基于 DEA 方法的曼奎斯特研发效率指数方法为分析各国的全要素研发效率变化提供了便利的工具。根据该方法,我们分析了 1996—2016 年世界主要国家(地区)曼奎斯特研发效率增长及其分解结果,如表 4-5 和表

4-6 所示。

表 4-5 1996—2016 年世界主要国家（地区）曼奎斯特
研发效率增长及其分解结果（数量指标体系）　　（单位:%）

国家 （地区）	effch	techch	pech	sech	tfpch
阿根廷	-2.60	3.50	-2.10	-0.50	0.80
澳大利亚	0.10	2.60	-0.50	0.50	2.70
奥地利	-1.30	2.00	-1.20	-0.10	0.70
比利时	-0.80	2.50	-0.60	-0.20	1.80
巴西	2.50	2.30	1.20	1.30	4.80
加拿大	-1.00	2.50	-1.20	0.20	1.50
中国	2.20	2.90	0.10	2.20	5.20
捷克	1.40	2.90	1.30	0.10	4.30
丹麦	-1.80	2.40	-1.50	-0.30	0.60
芬兰	-0.80	1.60	-1.70	0.90	0.80
法国	-1.40	2.40	-0.40	-1.10	0.90
德国	-0.90	1.80	0	-0.90	0.90
希腊	-2.10	3.30	-1.20	-0.90	1.20
匈牙利	-3.60	2.70	-3.10	-0.60	-1.00
印度	3.90	2.10	2.70	1.20	6.20
爱尔兰	0.40	2.70	0	0.40	3.10
意大利	0.70	2.20	0.60	0.10	2.90
日本	-2.60	1.10	-2.90	0.30	-1.50
墨西哥	2.80	-0.40	2.10	0.70	2.40
荷兰	-2.00	2.50	-1.70	-0.30	0.40
新西兰	-1.70	2.20	-1.70	0	0.50
挪威	0.70	2.40	0.70	-0.10	3.10
波兰	-0.60	3.70	0.30	-0.90	3.10
葡萄牙	1.20	3.90	2.20	-1.00	5.10
韩国	-2.10	0.40	-2.10	0	-1.70
罗马尼亚	4.80	2.60	4.70	0.10	7.60
俄罗斯	-2.80	1.70	-0.70	-2.10	-1.20

续表

国家(地区)	effch	techch	pech	sech	tfpch
新加坡	−0.90	0.60	0	−0.90	−0.30
斯洛伐克	0.90	3.80	0	0.90	4.70
南非	−0.10	2.80	−0.20	0.10	2.70
西班牙	−0.40	2.90	−0.20	−0.20	2.50
瑞典	−2.30	2.20	−2.10	−0.20	−0.10
土耳其	1.50	3.00	2.30	−0.80	4.60
乌克兰	1.20	1.10	1.00	0.20	2.30
英国	−2.00	2.50	0	−2.00	0.40
美国	−0.20	2.00	0	−0.20	1.70
均值	−0.27	2.32	−0.16	−0.11	2.05

注:根据 DEAP 软件测算所得,其中 effch、techch、pech、sech、tfpch 分别代表技术效率变化指数、技术进步变化指数、纯技术效率变化指数、规模效率变化指数和全要素研发效率指数。

表4-6　1996—2016 年世界主要国家(地区)曼奎斯特
研发效率增长及其分解结果(质量指标体系)　(单位:%)

国家(地区)	effch	techch	pech	sech	tfpch
阿根廷	0	−2.50	0.80	−0.80	−2.50
澳大利亚	−0.20	−0.80	−0.20	0	−1.10
奥地利	0.90	−1.40	−0.30	1.30	−0.50
比利时	1.50	−0.90	0.10	1.30	0.60
巴西	0.60	−2.00	−1.40	2.10	−1.40
加拿大	1.80	−0.30	−0.90	2.70	1.40
中国	10.30	−1.40	4.90	5.10	8.70
捷克	1.30	−3.90	1.20	0.10	−2.70
丹麦	−0.30	−1.20	0	−0.30	−1.40
芬兰	−0.30	−0.90	0	−0.30	−1.20
法国	3.00	0.40	−0.30	3.40	3.50
德国	1.40	0.10	0	1.40	1.50
希腊	−0.70	−3.30	−0.20	−0.50	−3.90

续表

国家 （地区）	effch	techch	pech	sech	tfpch
匈牙利	-0.50	-2.60	-1.50	1.00	-3.10
印度	7.00	-1.90	-0.30	7.40	5.00
爱尔兰	0	-2.50	0	0	-2.50
意大利	3.90	-0.10	0.70	3.20	3.90
日本	9.30	0.30	0	9.30	9.70
墨西哥	2.90	-2.60	0.10	2.80	0.30
荷兰	0.50	0.10	0	0.50	0.60
新西兰	0	-2.60	0	0	-2.60
挪威	1.40	-1.60	0.40	1.00	-0.30
波兰	2.60	-2.50	0.70	1.80	0
葡萄牙	-2.20	-2.50	0.60	-2.80	-4.70
韩国	11.00	-0.40	2.00	8.80	10.60
罗马尼亚	5.70	-2.10	3.60	2.10	3.50
俄罗斯	0.40	-0.80	0.80	-0.50	-0.50
新加坡	0	-2.80	0	0	-2.80
斯洛伐克	1.80	-2.10	0	1.80	-0.30
南非	-0.50	-1.90	0.60	-1.00	-2.30
西班牙	3.20	-1.20	0.40	2.80	2.00
瑞典	0	-0.60	0	0	-0.60
土耳其	3.30	-3.70	-0.20	3.50	-0.60
乌克兰	8.70	-2.80	3.10	5.50	5.60
英国	1.10	-0.10	-0.60	1.70	1.00
美国	1.30	0.70	0	1.30	2.00
均值	2.23	-1.51	0.39	1.83	0.69

注：根据 DEAP 软件测算所得，其中 effch、techch、pech、sech、tfpch 分别代表技术效率变化指数、技术进步变化指数、纯技术效率变化指数、规模效率变化指数和全要素研发效率指数。

　　我们用数量指标体系和质量指标体系的数据分别测度出 1996—2016 年世界主要 36 个国家（地区）的研发效率的变动情况。

　　从数量指标体系的测度结果来看：第一，上述 36 个国家（地区），只有匈牙利(-1.00%)、日本(-1.50%)、韩国(-1.70%)、俄罗斯(-1.20%)、新加坡(-0.30%)、瑞典(-0.10%)全要素研发效率(tfpch)的变化指数小于0,说明这些国家的研发效率在这些年间呈现出下降的趋势,而其他国家研发效率都呈现出增长趋势。在研发效率呈增长趋势的国家中,罗马尼亚的研发效率指数平均增长了7.60%,排名第一位;印度增加了6.20%,排名第二位;中国增长了5.20%,排名第三位。这一结果表明,从研发效率的增长上来看,发展中国家研发效率增长速度要快于发达国家,证明发展中国家完全有可能通过研发效率的快速增长实现技术的进步。第二,从研发效率的分解结果中可以看出,大部分国家的研发效率的增长主要是由于技术进步(techch)改变所造成的。除墨西哥技术呈现退步外,其他国家的技术进步指数均呈现出正向增加效应。技术效率(effch)对研发效率的促进作用最大的为罗马尼亚,其次为印度,中国居第五位。澳大利亚、巴西、中国、捷克、印度、爱尔兰、意大利、墨西哥、挪威、葡萄牙、罗马尼亚、斯洛伐克、土耳其、乌克兰技术效率对研发效率有正向促进作用,其他国家都呈现负向作用。其中罗马尼亚的技术效率变化指数是最大的,为4.80%,其次为印度,为3.90%,并且这两个国家无论是纯技术效率(pech)还是规模效率(sech)指数均呈现增长态势,说明印度和罗马尼亚从技术效率和技术进步指数两个方面都促进了总研发效率的增加。中国的情况也较为类似,技术效率和技术进步指数均促进了中国研发效率的显著增长。这表明中国等发展中国家仍然可以通过效率的改进实现数量指标体系下研发效率的增长。

从质量指标体系的测度结果来看:第一,比利时、加拿大、中国、法国、德国、印度、意大利、日本、墨西哥、荷兰、波兰、韩国、罗马尼亚、西班牙、乌克兰、英国、美国全要素研发效率(tfpch)的变化指数大于0,呈现进步性变化,其余国家均呈现下降趋势。韩国的全要素研发效率指数变化最大为10.60%;其次为日本,增长了9.70%;中国平均增长了8.70%,居世界第三位。这一点与数量指标体系下的结果呈现显著不同,在数量指标体系下,大部分发展中国家研发效率均呈现了显著增长,一旦引入质量指标体系,部分国家研发效率便呈现下降趋势。第二,与数量指标体系不同,大多数国家研发效率的改进全部源于技术效率的改进,技术进步(techch)的改进甚至为负值。从技术进步对研发效率的贡献来看,除法国、德国、日本、荷兰、美国等国技术进步对研发效率改进有促进作用外,其余国家均没有显著的促进作用。表明美国、日本等国以质量为代表的先进技术、核心技术进步较快,其他国家很难追赶。从技术效率变化指数(effch)来看,奥地利、比利时、巴西、加拿大、中国、捷克、法国、德国、印度、意大利、日本、墨西哥、荷兰、挪威、波兰、韩国、罗马尼亚、俄罗斯、斯洛伐克、西班牙、土耳其、乌克兰、英国、美国的技术效率变化指数均对研发效率有促进作用,阿根廷、爱尔兰、新西兰、瑞典等国技术效率指数为0,代表技术效率对全要素研发效率既无正向影响也无负向影响。其中,中国的技术效率变化指数为10.30%,且更多的技术效率变化来源于纯技术效率的进步,规模效率并没有引起技术效率的正向变化。表明一旦引入质量指标体系,发展中国家研发效率增长就较小,甚至为负增长。这些差异可能是由于有些发展中国家的科技产出只注重数量不注重质量,导致这些发展中国家在数量指标体系下,其科技产出较高,从而使得其研发效率也较高;但是一旦引入质量指标体系,这些国家的研发效率就会由于产出的质量不高使得其研发效率变低。这表明要想在研发效率上赶超世界技术先进国家仍然有一定的难度,核心技术受制于人的局面仍未改善。

我们还测算出了1997—2016年中国曼奎斯特效率变动指数,其结果如表4-7所示。

表4-7　1997—2016年中国曼奎斯特效率变动指数(数量指标体系)

年份	effch	techch	pech	sech	tfpch
1997	-2.00	-7.00	2.40	-4.30	-8.90
1998	-1.60	-9.00	0	-1.60	-10.40
1999	-14.60	9.80	-11.00	-4.10	-6.30

年份	effch	techch	pech	sech	tfpch
2000	34.20	18.70	12.40	19.40	59.30
2001	4.80	−4.70	0	4.80	−0.10
2002	−4.70	−0.60	0	−4.70	−5.20
2003	4.80	2.70	0	4.80	7.70
2004	1.90	8.50	0	1.90	10.50
2005	10.30	6.40	0	10.30	17.40
2006	2.40	0.80	0	2.40	3.30
2007	1.70	−1.20	0	1.70	0.50
2008	10.00	−5.20	0	10.00	4.20
2009	0.60	−5.20	0	0.60	−4.60
2010	3.30	0.60	0	3.30	3.90
2011	0.60	10.10	0	0.60	10.80
2012	0	4.70	0	0	4.70
2013	0	10.40	0	0	10.40
2014	0	3.10	0	0	3.10
2015	0	8.00	0	0	8.00
2016	0	12.00	0	0	12.00
均值	2.59	3.15	0.19	2.26	6.02

注:根据 DEAP 软件测算所得,其中 effch、techch、pech、sech、tfpch 分别代表技术效率变化指数、技术进步变化指数、纯技术效率变化指数、规模效率变化指数和研发效率变化指数。

表 4-8　1997—2016 年中国曼奎斯特效率变动指数(质量指标体系)

年份	effch	techch	pech	sech	tfpch
1997	−1.90	3.50	7.90	−9.10	1.50
1998	15.90	−4.10	3.80	11.60	11.10
1999	23.20	13.80	11.80	10.20	40.30
2000	80.50	−5.80	7.20	68.40	70.00
2001	−46.40	−0.20	30.60	−58.90	−46.50
2002	32.90	−10.40	32.30	0.40	19.10
2003	24.70	−6.00	12.30	11.10	17.20
2004	14.50	5.00	0	14.50	20.20

续表

年份	effch	techch	pech	sech	tfpch
2005	32.50	−1.40	0	32.50	30.70
2006	7.90	3.60	0	7.90	11.70
2007	5.80	−3.80	0	5.80	1.70
2008	−1.00	−6.50	0	−1.00	−7.40
2009	28.20	−13.10	0	28.20	11.40
2010	16.10	−3.10	0	16.10	12.50
2011	−4.90	12.10	0	−4.90	6.60
2012	−2.20	−3.30	0	−2.20	−5.40
2013	1.40	−1.80	0	1.40	−0.40
2014	−4.10	6.90	0	−4.10	2.60
2015	14.90	−3.70	0	14.90	10.60
2016	18.50	−5.00	0	18.50	12.60
均值	12.83	−1.17	5.30	8.07	11.01

注:根据 DEAP 软件测算所得,其中 effch、techch、pech、sech、tfpch 分别代表技术效率变化指数、技术进步变化指数、纯技术效率变化指数、规模效率变化指数和研发效率变化指数。

从表4-7中我们可以发现,从数量指标体系测度结果来看,中国1997—2002年间的研发效率(tfpch)并未呈现出显著的增加趋势,部分年份甚至在下降,但自2002年后(除2008年前后受国际金融危机的影响外),中国的研发效率都呈现出小幅提升的态势。而由表4-7我们也可以看出,中国研发效率的进步主要得益于技术效率(effch)的改进,而技术效率的改变主要还是来源于规模效率(sech)的提升。纯技术效率(pech)在2004年以后一直为0,代表纯技术效率指数对研发效率没有影响。从质量指标体系测度结果来看,除2000—2001年中国由于国际专利数急剧下降,研发效率指数下降幅度较大外,其他年间的研发效率指数基本都呈现出显著的增长趋势,但从质量指标体系中可以看出,研发效率的增长主要来源于技术效率的改变,技术进步的改变所造成的研发效率增长较少,甚至部分年份为负值。

通过对比数量指标体系和质量指标体系的测度结果,我们可以发现,数量指标体系中,中国这 21 年间研发效率变动的均值为 6.02%,技术效率变化指数的均值为 2.59%,技术进步变化指数的均值为 3.15%(见表 4-7);质量指标体系中,中国这 21 年间研发效率变动的均值为 11.01%,技术效率变化指数的均值为 12.83%,技术进步变化指数的均值为-1.17%(见表 4-8)。从结果上来看,中国质量指标体系的增长速度要优于数量指标体系的增长速度。这充分说明虽然中国的研发产出在数量上与发达国家相比具有一定优势,但在质量上与发达国家相比仍有差距。近年来,中国研发产出的质量在不断加强,中国质量指标体系测度出的研发效率的提升幅度也大于数量指标体系的测度结果,中国研发产出数量与质量上的差距正在缩小,只有数量、没有质量的状况正在得到改善。所以在未来,中国应继续加强研发技术的提升,同时不要忽视研发规模的扩大,无论纯技术效率还是规模效率均能促进中国研发效率的提升。

第六节　国家层面研发效率测度基本结果

本章通过运用世界主要 36 个国家(地区)国家层面的面板数据,构造了两种研发效率评价指标体系,一种为以本国专利数、科技论文数和高技术产业增加值为代表的数量指标体系;另一种为以国际专利数、高科技论文平均引用率和高技术产品出口额为代表的质量指标体系,对世界主要国家(地区)研发效率进行分析。通过本章的分析,我们可以将研究结论归纳为以下几点。

第一,数量指标体系和质量指标体系测度结果差异较为明显,发展中国家数量指标体系测度得到的研发效率结果要优于质量指标体系,而部分发达国家如丹麦、德国、瑞典则正好相反。金砖五国质量指标体系下的研发效率要普遍小于数量指标体系的测度结果,而七国集团无论是从数量指标体系还是从质量指标体系下研发效率总体高于金砖五国。究其原因,可能由于发展中国家的技术基础较为薄弱,这些国家的科学技术发展起步晚于其他发达国家,而质量指标体系衡量的研发产出对一国的科学技术、创新能力有很高的要求,新兴国家正处于发展期间,数量指标衡量的研发效率对于这些国家比较有优势。但是一旦引入质量指标体系,这些国家的研发效率就会由于产出的质量不高造成研发效率变低;而对于一些拥有较强科研创新能力的发达国家而言,在引入质量指标体系以后研发效率反而变高。

第二,由于中国科学技术发展起步晚于其他发达国家,质量指标体系的衡量指标包括国际专利数、高科技论文平均引用率、高技术产品出口额等对一国的科学技术和基础创新能力都有很高的要求,导致中国质量指标体系测度出来的研发效率较低;但随着中国的科学技术水平的提高,质量指标体系的测度结果也有了较大提高。这也充分表明中国的研发效率由以往只注重数量上的增加逐渐转变为注重质量上的提升,中国开始追求在研发效率上超越发达国家。

第三,无论是根据数量指标体系还是质量指标体系,中国的研发效率进步都较为明显,从 2001 年开始赶超其他金砖国家和部分 G7 国家以后,研发效率就开始远远大于部分金砖国家,并也超过了部分 G7 国家。这表明伴随着中国创新驱动发展战略的实施,中国的研发效率表现要远远优于其他发展中国家。

第四,中国研发效率的增长在数量指标体系下技术效率和技术进步都较为明显,质量指标体系下中国研发效率的增长主要源于技术效率的改变,技术进步的改变作用甚至为负,表明在质量指标体系下中国并不是世界技术的推动国,核心技术上仍然是以发达国家为主导,我们与发达国家相比仍然有一定的差距。

第五章　行业层面研发效率
面板数据构造

测度中国与世界主要国家（地区）行业层面的研发效率，与测度国家层面研发效率方法类似，必须先构造包含中国与世界主要国家（地区）行业层面研发效率的面板数据。但是在行业维度，统计数据的限制造成了研发效率测度研究上的一定困难，对于相关行业层面的研究较少。本书试图构造用于测度行业层面研发效率的面板数据，并对其进行国际比较。在数据受到限制的情况下，对于研究的准确性会造成一定的困难，但是如果能够构造出相应的国家—行业—时间的三维面板数据，对于后续研究而言也是极其有意义的。

第一节　行业研发效率测度的难点

第一，对于大多数国家而言，分行业的统计资料并不全面。结合我们的研究来看，在世界范围内各国对行业层面的统计资料基本上缺失；而 OECD 的统计数据库存在行业层面的统计。因此，可以基于 OECD 国家样本展开，而且 OECD 国家的研发支出占到世界研发支出的 90% 以上，这种做法是科学的。但 OECD 数据库中的行业数据也主要集中在一些工业行业，非工业行业研发投入—产出数据缺失较多；部分 OECD 国家的行业层面的专利产出数据几乎没有,其可靠性上也存在疑虑。

第二,行业层面的研究涉及的可比性问题远比国家层面的研究更为复杂,行业层面的统计口径较多,统计标准也不一致,因此处理起来较为困难。OECD 国家的行业分类基于《国际标准产业分类》(International Standard Industrial Classification of All Economic Activities, ISIC)展开,中国的行业分类基于《国民经济行业分类》展开,欧盟的行业分类基于《欧盟产业分类》体系(The General Industrial Classification of Economic Activities within the European Communities, NACE)展开,存在着行业分类归并和统一问题,而且各种行业分类标准在不断地演化,其中有的统计资料也不是基于最新行业分类标准,因此,如何将行业分类归并和统一也是本章需要考虑的问题。

第三,研发的产出变量如新产品销售收入等变量基本上不可获得,高水平论文数也不能归并到行业层面,因此,如何构造可供用于跨国比较的行业层面的研发产出数据库是本书写作的难点。我们将采用专利产出来衡量研发产出,但是,如果要构造行业层面的专利产出数据库,也存在着如何将国际专利分类标准归并到国家产业分类标准的问题。为此,本书也试图构造一个分类标准归并表,并以此作为行业层面研发效率测度分析和影响因素分析的基础。

第二节　不同行业分类标准的归并和统一

由于科学技术的发展,不断出现很多新兴行业,同时很多传统行业也在不断消失,因此各国经常调整其行业的分类标准,行业分类的版本也在不断地更新。全面的、精确的、统一的行业分类口径对经济理论的探讨和整个国民经济问题的研究,对政府制定经济政策和进行国民经济的宏观管理都是十分必要的。目前而言,国际上比较常用的行业分类标准有联合国颁布的《国际标准产业分类》。标准产业分类法是指联合国经济和社会事务统计局为统一国民经济统计口径而由权威部门制定和颁布的一种产业分类方法。2008 年 8 月

11 日发布了最新的第四版。联合国颁布的《国际标准产业分类》的特点是:它与三次产业分类法保持着稳定的联系,从而有利于对产业结构的分层次进行深入研究。联合国的标准产业分类法便于调整和修订,也为各国制定标准产业分类以及进行各国产业结构的比较研究提供了十分方便的条件。欧盟使用的是《欧盟产业分类》体系,由欧盟统计处(Eurostat)负责管理,其派生于国际标准产业体系的产业分类体系,是目前最有影响力的派生型产业分类体系之一。NACE 源自 1961 年欧共体所采用的《欧共体产业分类》体系,经多次修改,2005 年推出了 NACE 2.0 版草案。《欧盟产业分类》体系每一次修订几乎都是与《国际标准产业分类》的修订相对应,如 NACE 2.0 版本与 ISIC REV 4.0 版本相对应,NACE 1.1 版本与 ISIC REV 3.1 版本相对应。而且其分类符号体系与 ISIC 的分类符号体系越来越趋向一致。NACE 建立的目的是为欧盟内部的经济活动确定一个共同的统计分类,以确保各成员国与欧盟之间在统计分类进而在统计资料上具有可比性。《欧盟产业分类》体系在欧洲的应用非常广泛,除了被欧盟成员国使用外,至少还有 15 个欧洲国家以此为基础建立了相应的国家产品分类体系。

　　中国制定的《国民经济行业分类》于 1984 年首次发布,并分别于 1994 年和 2002 年进行修订,2011 年、2017 年进行了第三、第四次修订。《国民经济行业分类》国家标准 2017 年版(GB/T 4754-2017)由国家统计局起草,国家质量监督检验检疫总局、国家标准化管理委员会批准发布,并于 2017 年 10 月 1 日实施。每一版修订除参照联合国修订的《国际标准产业分类》修订外,主要依据中国经济发展状况和趋势,对门类、大类、中类、小类做了调整和修改。

　　目前,世界上各个统计数据库报道的统计数据使用的分类标准也不一致,为了进行行业分类统一和归并,有必要对行业分类标准进行调整。然而,即便是同一行业分类标准,版本不同,其行业分类体系变化也比较大,从而也涉及行业分类的归并和统一问题,最典型的便是 OECD 数据库中很多行业数据使用的是 ISIC REV 4.0 版本,但有的数据使用的是 ISIC REV 3.1 版本,这两种版本的行业分类标准呈现出很大的差异,因此有必要对此进行调整和统一。

我们首先根据联合国和欧盟统计网站提供的行业分类对应统一表,根据我们可以搜集到的数据资料,构造 ISIC REV 4.0 版本 、ISIC REV 3.1 版本和 ISIC REV 2.0 版本的统一表(见表5-1)①。

表5-1 《国际标准产业分类》和《欧盟产业分类》体系各版本对应统一表

《国际标准产业分类》4.0版	《国际标准产业分类》3.1版	《国际标准产业分类》2.0版	《欧盟产业分类》
D10T11	C15 Food products and beverages 食品饮料制造业	C11	15
D12	C16 Tobacco products 烟草制造业	C12	16
D13	C17 Textiles 纺织品制造业	C21	17
D14	C18 Wearing apparel, dressing and dyeing of fur 纺织服装、服饰业	C22	18
D15	C19 Leather, leather products and footwear 皮革、毛皮、羽毛及其制品和制鞋业	C23	19
D16	C20 Wood and products of wood and cork 木材加工和木、竹、藤、棕、草制品业	C31	20
D17	C21 Pulp, paper and paper products 造纸及纸制品业	C32	21
D18	C22 Printing and publishing 印刷业	C33	22
D19	C23 Coke, refined petroleum products and nuclear fuel 石油加工、炼焦和核燃料加工业	C41	23
D20	C24X Chemicals excluding phamaceuticals 化学制造业(医药制造业除外)	C421	24-24.4
D21	C2423 Pharmaceuticals 制造业	C422	24.4
D22	C25 Rubber and plastics products 橡胶和塑料制品业	C43	25
D23	C26 Other non-metallic mineral products 非金属矿物制品业	C5	26

① 资料来源于 http://ec. europa. eu/eurostat/web/nace - rev2/correspondence _ tables 和 https://unstats.un.org/unsd/cr/registry/regot.asp? Lg=1 等网站。

续表

《国际标准产业分类》4.0版	《国际标准产业分类》3.1版	《国际标准产业分类》2.0版	《欧盟产业分类》
D24	C27 Basic metals 黑色金属业	C6	27
D25	C28 Fabricated metal products, except machinery and equipment 金属制品业	C71	28
D28	C29 Machinery and equipment, n.e.c.设备制造业	C72	29
D26	C30 Office, accounting and computing machinery 办公家具、计算机制造业	C73	30
	C32 Radio, television and communication equipment 通信设备制造业	C75	32
	C33 Medical, precision and optical instruments 精密仪器制造业	C76	33
D27	C31 Electrical machinery and apparatus, n.e.c.电气机械制造业	C74	31
D29	C34 Motor vehicles, trailers and semi-trailers 汽车制造业	C77	34
D30	C35 Other transport equipment 其他运输工具制造业	C78	35
D31、D32	C36 Manufacturing n.e.c.其他制造业	C8	36
D33	C37 Recycling 可回收业	C9	—
D35T39	C40T41 Electricity Gas and, Water Supply 电力、煤气和水的生产供应业	IND_DE	—
D41T43	C45 Construction 建筑造业	IND_F	—

表5-1中部分行业的对应存在不全面的问题，比如 D31：家具制造业（Manufacture of furniture）及 D32：其他制造业（Other manufacturing）在 ISIC REV 4.0 版本里只能将两个行业合并起来对应 ISIC REV 3.1 版本的 C36 其他制造业（Manufacturing n.e.c.）。这是由于 D31 为家具制造业，但 ISIC REV 3.1 版本中家具制造业包含在 C36 其他制造业中，并没有单独划分出来，因此各版本之间并不能完全做到一一对应。我们的行业层面研发统计数据有的是根据 ISIC REV 3.1 版本统计的，有的是根据 ISIC REV 4.0 版本统计的，这就

不可避免地造成了家具制造业数据的缺失。基于此,只能去掉 D31 家具制造业的数据,这样就使得在数据的统一和对应过程中带来了数据缺失问题。同时,还存在着一些其他的问题,如 D26 行业对应 C30、C32 和 C33 行业时,C30 的部分行业也对应着 D27 中部分细分行业,这就存在着重复对应问题,如果要做到完全一一对应,就要求数据能精确到四位数细分行业,但是显然很多国家的数据都没有统计得这么详细,因此这是不可能实现的。而缺失的行业中大部分行业是经济规模比较小的。基于此,本书提出的这一套对应方法是行之有效的。

在行业的选择上,因为中国行业统计资料中只有工业行业统计资料较为全面,所以,只能选取工业行业的数据进行分析。此外,在工业行业里也有许多行业由于数据缺失等问题需剔除,在尽可能多地保持数据总量和尽可能选择对国民经济发展有较大影响力的行业的前提下,我们剔除了部分缺失数据比较多的行业。

为了查出与中国工业行业相对应的 OECD 国家行业分类统一标准,我们根据向铁梅和黄静波(2008)、李小平和卢现祥(2010)的研究及对相关数据的分析和整理将《国民经济行业分类》(GB/T 4754-2011)和《国际标准产业分类》(ISIC REV 4.0)进行对应统一(见表 5-2)。

表 5-2　中国与 ISIC REV 4.0 行业分类对应统一表

ISIC REV 4.0		GB/T 4754-2011	
行业序列	行业名称	行业序列	行业名称
D10	Manufacture of food products	13	农副食品加工业
		14	食品制造业
D11	Manufacture of beverages	15	酒、饮料和精制茶制造业
D12	Manufacture of tobacco products	16	烟草制品业
D13	Manufacture of textiles	17	纺织业
D14	Manufacture of wearing apparel	18	纺织服装、服饰业

ISIC REV 4.0		GB/T 4754-2011	
行业序列	行业名称	行业序列	行业名称
D15	Manufacture of leather and related products	19	皮革、毛皮、羽毛及其制品和制鞋业
D16	Manufacture of wood and of products of wood and cork, except furniture; Manufacture of articles of straw and plaiting materials	20	木材加工和木、竹、藤、棕、草制品业
D17	Manufacture of paper and paper products	22	造纸及纸制品业
D18	Printing and reproduction of recorded media	23	印刷和记录媒介复制业
D19	Manufacture of coke and refined petroleum products	25	石油加工、炼焦和核燃料加工业
D20	Manufacture of chemicals and chemical products	26	化学原料和化学制品制造业
		28	化学纤维制造业
D21	Manufacture of pharmaceuticals, medicinal chemical and botanical products	27	医药制造业
D22	Manufacture of rubber and plastics products	29	橡胶和塑料制品业
D23	Manufacture of other non–metallic mineral products	30	非金属矿物制品业
D24	Manufacture of basic metals	31	黑色金属冶炼和压延加工业
		32	有色金属冶炼和压延加工业
D25	Manufacture of fabricated metal products, except machinery and equipment	33	金属制品业
D26	Manufacture of computer, electronic and optical products	39	计算机、通信和其他电子设备制造业
		40	仪器仪表制造业
D27	Manufacture of electrical equipment	38	电气机械及器材制造业
D28	Manufacture of machinery and equipment n.e.c.	34	通用设备制造业
		35	专用设备制造业

续表

ISIC REV 4.0		GB/T 4754-2011	
行业序列	行业名称	行业序列	行业名称
D29	Manufacture of motor vehicles, trailers and semi-trailers	36	汽车制造业
D30	Manufacture of other transport equipment	37	铁路、船舶、航空航天和其他运输设备制造业
D31	Manufacture of furniture	21	家具制造业
D35T39	Electricity, gas, steam and air conditioning supply; Water supply; Sewerage, waste management and remediation activities	44	电力、热力的生产和供应业
		45	燃气生产和供应业
		46	水的生产和供应业

表5-2完全根据中国行业分类代码和ISIC REV 4.0的行业分类代码统一而来,由于中国的国家标准《国民经济行业分类》在制定过程中也是根据ISIC REV 4.0调整得到,因此,该对应和统一有其内在的合理性,结果也是比较完整和准确的。

同时,我们也要注意到,中国的国家标准进行了四次修订。四次修订也存在着统计口径的对应和统一问题,有关前两次行业修订标准的统计口径调整问题见陈诗一(2011)的研究,由于OECD数据库中的数据没有更新到2017年,而且2017年的行业分类标准与2011年相比,在二位数行业上并没有很大改变,因此,本书主要是阐明2011年第三次行业修订标准的统计口径调整问题。

通过比较2002年版及2011年版《国民经济行业分类》可以看出,由于2011年版标准将交通运输设备制造业拆分成汽车制造业和铁路、船舶、航空航天两个行业,我们将2012年以后的这两个行业的数据进行合并。2011年版标准中新增的文教、工美、体育和娱乐用品制造业中的数据和2002年版标准中的文教体育用品制造业的数据相对应,但2011年版标准中多了细分行业工艺美术品行业,因此,在2011年版标准中我们需要去掉工艺美术品制造业细分行业数据。2011 年版标准将橡胶和塑料制造业进行合并，统称为橡胶和塑料制品业，为此，需要进行拆分：如果有橡胶制品业和塑料制品业细分行业的数据就用细分行业的数据进行替代；如果没有，就按照近 5 年两个行业的各变量比例对 2011 年版标准的数据进行拆分。同时，去掉 2002 年版的行业分类标准没有，但在 2011 年版行业分类标准新增的金属制品业、废弃资源综合利用业、开采辅助活动业的数据。

第三节　国际标准产业分类和国际专利分类归并和统一

　　在使用专利产出来统计行业的研发产出时，还存在一个较为棘手的问题，即世界各国都缺乏分行业的专利数据统计，无论是国际专利还是三方专利等专利的申请均按照国际专利分类表（IPC 分类）展开，并不存在按 ISIC 产业分类标准统计的专利统计数据，所以这又涉及 ISIC 分类和 IPC 分类对应统一的问题。

　　针对这一问题，OECD 和欧盟的部分学者已经进行了大量的工作，OECD 的维斯帕根等（Verspagen 等，1994）提供了一个 IPC-ISIC 的一致性表格（MERIT Concordance Table：IPC-ISIC REV 2.0），该表将专利技术分类标准和产业分类标准相对应，并给出了该技术分类对应产业分类的可能性的比例。施莫奇等（Schmoch 等，2003）在给欧盟的研究报告中也提出了将专利数据按国际专利分类标准统计出来的专利申请数和批准数按照技术—产业转换矩阵方法进行整合，然后将技术分类标准和产业分类标准一一对应。施莫奇等（2003）的方法被很多文章引用，如玄秀和詹秀（Hyunseok 和 Janghyeok，2014）便运用这一方法分析了韩国的研发效率。施莫奇等（2003）的研究是根据较新的企业数据合成得到，比较符合现实；但是施莫奇等（2003）的研究缺少行业 ISIC D18：印刷和记录媒介复制业的数据。

表 5-3 施莫奇等(2003)的 ISIC 分类、NACE 分类和
IPC 分类对照统一表①

ISIC 分类	NACE 分类	IPC 分类
D10T11	15	A01H、A21D、A23B、A23C、A23D、A23F、A23G、A23J、A23K、A23L、A23P、C12C、C12F、C12G、C12H、C12J、C13F、C13J、C13K
D12	16	A24B、A24D、A24F
D13	17	D04D、D04G、D04H、D06C、D06J、D06M、D06N、D06P、D06Q
D14	18	A41B、A41C、A41D、A41F
D15	19	A43B、A43C、B68B、B68C

　　表 5-3 为根据施莫奇等(2003)的文章所统计出的 ISIC 分类、NACE 分类和 IPC 分类对照统一表,该表在某种程度上可以提供一部分行业和 IPC 分类的对应统一。但是该表的统计结果并不是很全面,而且根据部分行业所统计出的结果也并不具备代表性。另外,中国国家统计局在 2015 年发布了《国际专利分类与国民经济行业分类参照关系表(试用版)》,并在 2018 年发布了《国际专利分类与国民经济行业分类参照关系表(2018)》,整理出了 821 个行业的分类,相比 2015 年的 680 个行业分类能够比较全面地反映专利和行业的分类统一。该表是比较客观的国际专利分类与国民经济行业分类的参照关系表,根据此表将中国的行业分类与国际专利分类相统一,最终得到相应的统计结果如表 5-4 所示。

表 5-4 《国际专利分类与国民经济行业分类参照关系表(2018)》对应表

ISIC 分类	GB/T 4754-2017	IPC 分类
D10T12	13、14、15、16	A21D、A22B、A22C、A23B、A23C、A23D、A23F、A23G、A23J、A23K、A23L、A23N、A23P、A24B、A24C、A24D、B02B、B02C、C02F、C08B、C08L、C08H、C11B、C11C、C12C、C12F、C12G、C12H、C12N、C12P、C12J、C12N、C13B、C13C、C13D、C13G、C13H、C13F、C13J、C13K

---

① 限于篇幅,只报告部分行业结果,表 5-4 同。

ISIC 分类	GB/T 4754-2017	IPC 分类
D13	17、18、19	A01K、A41B、A41C、A41D、A41F、A42B、A42C、A43B、A43C、A44C、A45C、A45F、A47C、A47K、A47H、A47G、A61F、A61L、A62B、B01D、B32B、B60B、B64D、B68C、B68G、B68F、C14B、C14C、D01B、D01C、D01G、D02G、D02J、D03D、D04B、D04C、D04D、D04H、D04G、D05C、D06B、D06C、D06L、D06M、D06N、D06P、D06Q、G09F、G02C、E04F、E04H、E06C、F16L
D14	20、21	A01K、A42B、A43D、A45B、A45C、A45F、A47C、A47G、A47H、A47J、A47L、A61J、B27D、B27K、B27H、B27J、B27L、B27M、B27N、B32B、B62J、B65D、C09D、D06F、E04B、E04C、E04D、E04F、E04G、E06B、E06C、F16L、F16S
D15	22	A45B、A45C、A47B、A47G、A47K、A61F、A61L、B01D、B31B、B31C、B31D、B31F、B32B、B41M、B65D、B65F、D21B、D21C、D21D、D21F、D21H、D21J、G09F

表5-3和表5-4提供的技术—行业对应表只能提供不完全对应关系，这种对应存在一定的问题，即并不能保证很多技术只用于某一行业，但是，在没有更好的方法之前，这种对应统一标准也是切实可行的。同时，相比较而言，由于表5-4给出的对应表更加新，也更加全面，因此，本书主要使用表5-4的对应统一表进行分析。

第四节　投入指标的选取

与国家层面面板数据类似，在行业层面，人员投入和资本投入相对而言数据可获得性最高，因此投入数据也主要分为研发人员投入和研发资本投入两种。

有关行业层面的人员投入和资本投入数据相比国家层面而言更难以获得全面的数据，部分数据缺失严重。如在美国，行业层面中关于研发人员投入数据十分不全面，2009年以后的数据缺失，仅能获得的投入数据也主要来源于OECD数据库中的结构分析数据库（Structural Analysis Database，STAN）和

OECD 数据库中的科学、技术和专利数据库（Science，Technology and Patents，STP）中的研究与发展统计（Research and Development Statistics，RDS）数据。

一、人员投入

关于人员投入数据，在 OECD 的科学、技术和专利数据库下可以找到按行业分类的企业研发人员统计（Business Enterprise R&D Personnel by Industry，ISIC REV 4.0)，在研发人员统计上也有两个统计口径，一个是总 R&D 人员（Total Personnel R&D），另一个是研究人员（Researchers），总 R&D 人员相当于国家层面数据中所统计的技术人员，研究人员相当于国家层面中统计的研发人员①；但是比较遗憾的是，和国家层面的数据类似，即便在 OECD 统计数据库的统计中，也有很多国家的某些行业的研发人员和技术人员的数据并不全面，就算是有统计，有的国家在不同行业分类标准下起始年份又不一致。比如 ISIC REV 3.1 版本的数据 OECD 中只统计到 2009 年，而 ISIC REV 4.0 版本中研发人员的数据起始年份又为 2000 年。因此这就又涉及数据的归并和统一问题，我们按照前文的方法将两个版本的数据进行归并和统一，以便尽可能获得较为全面的数据。最终，我们在保持数据样本量尽可能多的情况下选择了行业层面的数据的起止年份为 2000—2016 年。之所以到 2016 年，是为了尽可能多地选择一些样本，虽然很多国家 2014 年之后的统计资料并不全面，我们还是尽量补全，因此，对于一些缺失数据也存在着如何补充的问题。

对于中国而言，中国的数据在 OECD 并未公布全面，很多年份数据有所缺失，特别是 2008 年以前。为了补充这些缺失数据，我们在《中国科技统计年鉴》各年中可以找到规模以上工业企业 R&D 人员全时当量、科学家和工程师人数、R&D 经费等数据。经过和 OECD 中所统计的 2009 年的数据进行比较，发现这两个统计口径基本上是一致的。由此，我们可以推断 OECD 的数据和

---

① 以下统称为"研发人员"和"技术人员"。

《中国科技统计年鉴》的出处一致，我们据此可以补充中国 2008 年以前的缺失数据。

最后，经过统计，技术人员和研发人员的数据缺失情况如下。

澳大利亚缺 2012 年、2014—2016 年数据；奥地利缺 1992 年、1994—1998 年、1999—2001 年、2003 年、2008 年、2010 年、2012 年、2014—2016 年数据；比利时缺 1992—1999 年、2016 年数据；加拿大缺 2016 年数据；丹麦 D18、D19 缺 1992—2001 年、2009—2016 年数据，其他行业缺 1992—2000 年、2016 年数据；芬兰缺 1992 年、2015—2016 年数据；法国缺 2014—2016 年数据；德国缺 1992—1994 年、1996 年、1998 年、2015—2016 年数据；意大利缺 2001—2002 年、2015—2016 年数据；日本缺 2016 年数据；韩国缺 1992—1995 年、2015—2016 年数据；挪威缺 1992—1998 年、2000 年、2002 年、2015—2016 年数据；西班牙缺 1994 年、2015—2016 年数据；英国缺 1992—2006 年、2012—2016 年数据；美国研发人员缺 2008—2016 年数据，技术人员数据全部缺失。缺失数据只能采用增长率或者插值法来进行构造。

需要注意的是，上述数据缺失是相对于全部行业所有指标而言的数据缺失，在部分细分行业上，还存在部分细分行业的数据缺失，限于篇幅，我们并不一一说明。

从总体层面上来看，很多国家如美国只有研发人员的数据，没有技术人员的数据；同时又有很多国家如德国只有技术人员数据，没有研发人员数据。在这种情况下，数据处理起来存在一定难度。但从总体的数据质量上来看，技术人员的统计数据和资料相对研发人员而言较为全面，所以，我们在使用人员投入指标时主要采用技术人员数据来统计。

即便进行补充，我们发现 2000 年以前很多国家的数据有所缺失，导致我们的数据主要是从 2000 年开始，一直到 2016 年结束，一共搜集了 17 年的样本，并据此进行分析。图 5-1 和图 5-2 分别为世界主要国家技术人员和研发人员全时当量均值。

（单位：千人/年）

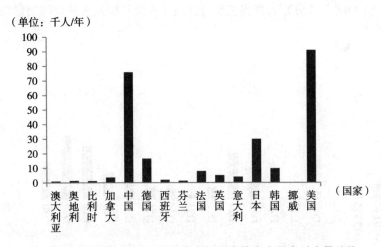

图 5-1　2000—2016 年世界主要国家技术人员全时当量均值

（单位：千人/年）

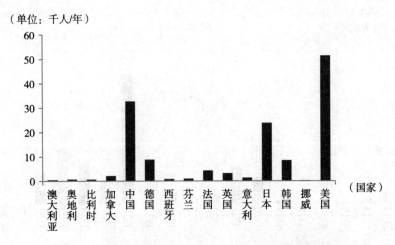

图 5-2　2000—2016 年世界主要国家研发人员全时当量均值

　　从图 5-1 和图 5-2 中可以看出，从国家层面来看，技术人员和研发人员在趋势和排名上基本上保持一致。在研发人员方面，美国高居第一，其次是中国、日本、德国、韩国等国，部分国家研发人员投入相比较而言较少。该数据表明，研发还是主要集中于少数几个国家；大部分国家的研发投入极少，如挪威等国，一方面受制于这些国家的经济规模和人口规模，另一方面部分国家的科学技术上并没有比较优势，因此并没有加大投入。

图5-3和图5-4分别为世界主要行业技术人员和研发人员全时当量均值。

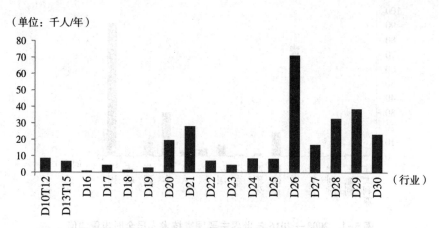

（单位：千人/年）

图5-3　2000—2016年世界主要行业技术人员全时当量均值

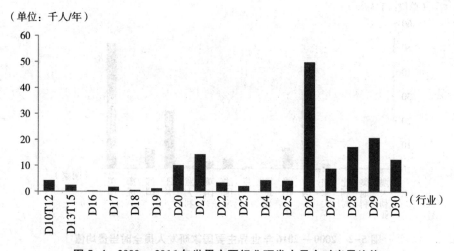

（单位：千人/年）

图5-4　2000—2016年世界主要行业研发人员全时当量均值

从图5-3和图5-4中可以看出,技术人员和研发人员在趋势和排名上基本上保持一致,技术人员和研发人员投入最多的行业始终是 D26(计算机、通信和其他电子设备制造业,仪器仪表制造业),该行业属于专利密集型和研发密集型行业;其次为 D29(汽车制造业)和 D28(设备制造业)①。这些行业都

①　将通用设备制造业和专用设备制造业合并,简称为"设备制造业"。

属于专利密集型和研发密集型行业,需要一定的技术才能取得优势。研发人员和技术人员投入较少的行业是 D16(木材加工和木、竹、藤、棕、草制品业)和 D18(印刷和记录媒介复制业)。这两个行业都是非技术密集型行业,并不需要太多的研发投入就能带来相应的产出,因此这两个行业研发人员投入最低。

二、资本投入

资本投入数据和国家层面的类似,只能在 OECD 的结构分析数据库(STAN)中找到产业层面的企业研发支出数据(Business Enterprise R&D Expenditure by Industry,BERD)。OECD 结构分析数据库中有企业研发支出数据库(Analytical Business Enterprise Research and Development,ANBERD),OECD 采用了一系列的方法将企业层面的研发支出汇总到产业层面。最新的数据库根据《国际标准产业分类》4.0 版本得到。我们采用处理人员投入类似的方法进行补充,并使用永续盘存法进行处理,以得到整体层面的研发资本存量数据。基期资本存量仍然采用式(3-2)计算,折旧率采用 15% 的折旧率进行计算,价格指数采用 GDP 平减指数(Implicit GDP Price Indices)进行平减,资本存量增长率 g 仍采用前 5 年的平均投资增长率来计算。

即便如此,资本投入数据在统计时仍然存在缺失,不过相较人员投入数据而言缺失不多,特别是美国的数据比较全面,主要缺失的数据有:澳大利亚缺 1992—1997 年、2014—2016 年数据;奥地利缺 1992 年、1994—1997 年、1999—2001 年、2003 年、2008 年、2010 年、2012 年、2014—2016 年数据;比利时缺 1992—1997 年、2014—2016 年数据;加拿大缺 2008 年、2015—2016 年数据;丹麦 D17、D18、D25 缺 1992—2006 年数据,其他行业缺 2000—2005 年、2015—2016 年数据;芬兰 D19-21 缺 1992—2007 年数据,其他行业缺 1992—1994 年、2015—2016 年数据;法国缺 1992—2005 年、2015—2016 年数据;德国缺 1992 年、1994 年、1996 年、1998 年、2015—2016 年数据;意大利缺

2001—2002年、2015—2016年数据;日本缺1992—1994年、2016年数据;韩国缺1992—1994年数据;挪威D19缺2006—2016年数据,其他行业缺2015—2016年数据;西班牙缺2015—2016年数据;英国缺1992—2006年、2015—2016年数据;美国缺1993—1994年、1996—1997年、2007年、2015—2016年数据。对于部分国家而言,如澳大利亚、奥地利、比利时、法国、波兰2000年、2016年研发资本存量数据直接用后一年、前一年的替代;其他数据用插值法进行补充。

　　根据搜集到的数据,我们绘制了2000—2016年世界主要国家各行业研发资本存量均值。图5-5和图5-6为按购买力平价和按汇率换算的世界主要国家研发资本存量均值,其换算方法为先将原值除以GDP平减指数,再除以2010年不变价的购买力平价或汇率指数。

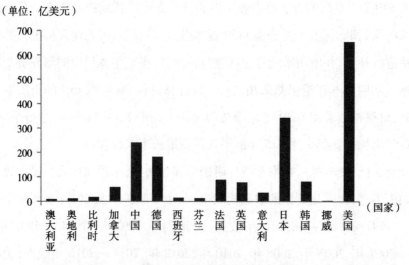

（单位:亿美元）

图5-5　2000—2016年世界主要国家研发资本存量——购买力平价

　　从图5-5和图5-6中可以看出,和研发人员投入数据类似,研发资本存量投入最多的是美国,其次是日本,再次是中国和德国。其中,中国的投入近几年逐步上升,已经成为研发资本投入非常多的国家;其他很多小国家研发资本投入很少。而且从图5-5和图5-6中可以看出,由于中国的汇率和购买力

（单位：亿美元）

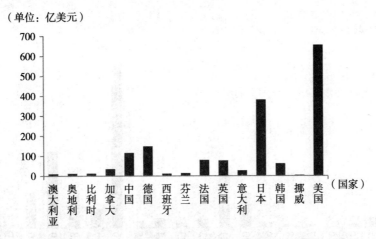

图5-6 2000—2016年世界主要国家研发资本存量——汇率

平价之间的值差距非常大，因此导致中国按购买力平价换算得到的结果比按汇率换算得到的结果大得多，从而导致中国在按购买力平价换算时排名第三，在按汇率换算时排名第四。

图5-7和图5-8为按购买力平价和按汇率计算的世界主要行业研发资本存量均值，其换算方法为先将原值除以GDP平减指数，再除以2010年不变价的购买力平价或汇率指数。

（单位：亿美元）

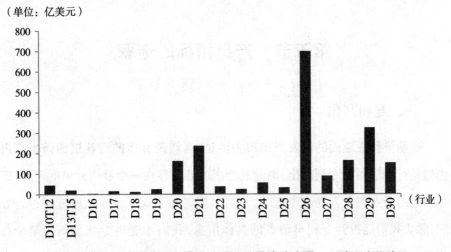

图5-7 2000—2016年世界主要行业研发资本存量——购买力平价

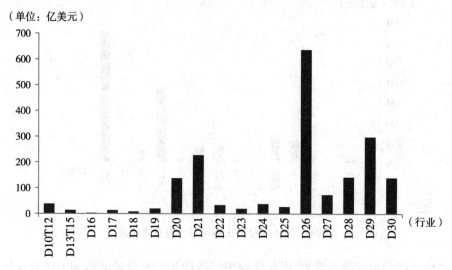

（单位：亿美元）

图5-8 2000—2016年世界主要行业研发资本存量——汇率

从图5-7和图5-8中可以看出，按汇率和购买力平价换算的世界主要行业研发资本存量排名基本一致，并且研发资本存量排名和研发人员排名趋势也基本一致，排名最高的基本上是行业D26和行业D29，其次是行业D21和行业D20；这些行业基本上都属于高技术行业。而研发资本投入最少的仍然是D16和D18这些非高技术行业。

第五节 产出指标的选取

一、专利产出

要衡量行业层面的研发产出较为困难，当然最直接的行业层面研发产出仍然是行业层面的专利产出，而专利产出的处理存在一个显而易见的问题，即专利是由企业或个人提出申请的，专利如何划归为某个行业这就需要进行处理，除非我们能找到专利申请者的具体信息，我们才能将专利划归为某个行业。但是，这对于国际比较而言是较难以实现的，并不存在这样的可供国际比较的数据库,即便存在,也存在着如何界定该企业或个人属于哪个行业的困难。除了专利产出外,另一个可以反映行业产出的是各行业的新产品产值,但是这个变量更加难以获得,因此我们只有用专利产出来反映行业的产出。

本书的专利数据只能从 OECD 数据库中的科学、技术和专利数据库子项目下专利统计中得到。这里统计的专利数据是 OECD 主要国家和世界较大经济体的国际专利、美国专利、欧盟专利的申请和授权情况,并不是本国专利统计局专利申请和授权情况。在这种情况下我们仅仅能获得三方专利和国际专利的申请和授权情况。这个数据质量较好,极少有数据缺失。

经过统一处理后,我们可以利用表 5-4 的对应方法,汇总得到世界主要国家各行业的专利产出数据。

但是,数据即使经过补充后,仍然存在一个较大的问题,就是很多国家的专利产出数据较少,如捷克、匈牙利等国;而美国专利和国际专利在部分行业(如 D10T12)也都为零。为了便于处理,我们最后在统计专利数据时采用美国专利、国际专利、欧盟专利的加总数据。

最后,根据我们的数据,我们绘制了 2000—2016 年部分国家专利申请数年均值(见表 5-5)。

表 5-5　2000—2016 年部分国家专利申请数年均值

国家 ＼ 行业分类	欧洲专利	美国专利	国际专利	所有专利
澳大利亚	128.0	279.0	244.0	651.0
奥地利	223.5	161.1	158.7	545.7
比利时	203.8	173.2	142.7	520.7
加拿大	234.8	811.0	320.2	1366.0
中国	315.1	871.6	1183.0	2389.0
德国	2950.0	2284.0	2086.0	7320.0
西班牙	173.3	114.1	182.6	471.2
芬兰	155.1	157.0	154.4	469.5
法国	1088.0	846.2	828.9	2764.0

续表

国家 \ 行业分类	欧洲专利	美国专利	国际专利	所有专利
英国	721.7	847.6	747.5	2317.0
意大利	617.0	384.3	394.7	1399.0
日本	2638.0	7022.0	3433.0	13093.0
韩国	550.3	2130.0	920.1	3601.0
挪威	66.0	73.1	343.7	492.8
美国	4248.0	16654.0	5796.0	26698.0

从表5-5可以看出，美国专利申请数居于世界第一位，其次为日本，再次为德国，中国的欧洲专利、美国专利等专利申请数量并不多。这代表中国的情况与美、日等国不同，美、日等国虽然有着高额的研发投入，但是也带来了高额的研发产出，而中国高额的研发投入却带来了较低的专利产出，特别是中国的国际专利和美国专利等产出与美、日等发达国家相比仍然有一定的差距。

表5-6 2000—2016年部分行业专利申请数年均值

行业分类	欧洲专利	美国专利	国际专利	所有专利
D10T12	189.1	319.8	240.5	749.4
D13T15	382.2	834.1	448.3	1668.0
D16	391.5	770.0	424.0	1585.0
D17	403.4	850.0	485.6	1739.0
D18	100.8	340.8	119.9	567.6
D19	46.6	91.7	64.9	204.3
D20	1015.0	1907.0	1276.0	4198.0
D21	485.5	944.0	614.2	2044.0
D22	710.7	1434.0	808.1	2953.0
D23	793.5	2100.0	1034.0	3928.0
D24	87.9	126.2	95.9	312.9
D25	907.0	1704.0	938.2	3549.0
D26	4617.0	12425.0	5656.0	22698.0
D27	1207.0	3052.0	1481.0	5750.0

续表

行业分类	欧洲专利	美国专利	国际专利	所有专利
D28	4110.0	8916.0	4755.0	17781.0
D29	393.4	663.6	359.6	1430.0
D30	380.4	723.5	392.8	1497.0

从表 5-6 中可以看出,在行业专利产出上,行业 D26 和行业 D28 牢牢占据前两位,其次是 D27 和 D20,这些行业仍然主要以高新技术为主,特别是行业 D26 和行业 D28 分别是第三名行业 D27 的 3.95 倍和 3.09 倍,行业 D26 是最后一名行业 D19 的 111.10 倍,证明专利的分布高度不均衡。

二、工业增加值产出

专利能反映研发产出带来的直接的技术效应,进一步,如果要反映研发产出所带来的经济效应,我们还可以使用相关经济指标,最好的经济指标为新产品销售收入产出;但这一指标在行业层面对于很多国家来说没有统计数据,比较难以获得。因此,只能使用该行业的工业增加值产出数据来近似替代。

工业增加值产出数据主要来源于 OECD 的 STAN 数据库,但 OECD 的 STAN 数据库有很多版本,根据 OECD 的报告,OECD 的 ISIC REV 2.0 版本统计的是 2000 年前的数据,随后就是 ISIC REV3.1 版本。ISIC REV 3.1 版本中虽然有数据,但很多国家数据有所缺失,中国的数据也没有,我们从《中国工业统计年鉴》等得到工业增加值数据。OECD ISIC 数据库的最新版本为 ISIC REV 4.0 版本,并且是基于国民账户体系 2008 年版数据,之前的 ISIC REV 3.1 版本数据是基于国民账户 1993 年版数据,经过表 5-1 的归并,最后汇总得到工业增加值数据。同时,由于增加值数据是一个金额的概念,所以我们要采用工业增加值平减指数进行平减,然后汇总得到不变价的工业增加值数据。

中国的数据在 OECD 的 STAN 数据库中并没有找到,我们只好利用陆剑等(2014)、柳剑平和程时雄(2016)的方法,构造用于中国的可供跨国比较的数据,原始数据主要来源于《中国科技统计年鉴》中各年的数据。

工业增加值缺失的数据主要有:澳大利亚除了 D10T12 外全部缺失;法国缺 2016 年的数据;日本缺 1992—1993 年的 D11-12、D17、D19、D24-28 及各年 D13-16、D22、D20-21、D29-30 的数据;西班牙缺 1993—1994 年的数据。对于缺失的数据,可采用工业增加值的方法进行构造。

经过统计与处理,最后汇总得到的世界主要国家的工业增加值均值产出如图 5-9 和图 5-10 所示。

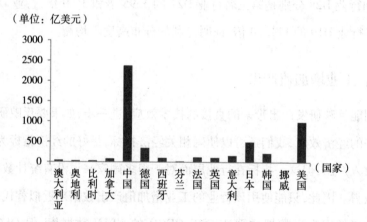

图 5-9　2000—2016 年世界主要国家工业增加值——购买力平价

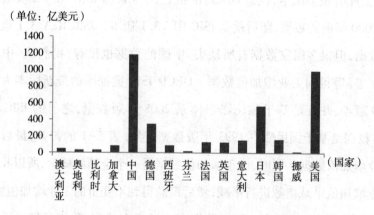

图 5-10　2000—2016 年世界主要国家工业增加值——汇率

从图5-9和图5-10中可以看出,中国在工业方面表现非常突出,代表中国的"世界工厂"的地位仍然不可动摇,特别是在以购买力平价换算的工业增加值上,远居于世界第一位;虽然在以汇率换算的工业增加值上,中国的工业增加值有所减少,但是仍居世界第一位。其次是美国,再次是日本,基本上和研发投入的前三位国家一致。在工业产出上,部分国家,特别是一些经济体量较小国家的工业产出量和中国等国家相比过于小,按购买力平价换算,中国是挪威工业增加值的209倍。由此可见,在工业产出上世界各国也是高度不均衡的。

图5-11和图5-12分别为按购买力平价和汇率换算的世界主要行业工业增加值。

（单位：10亿美元）

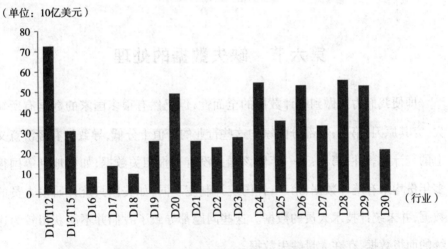

图5-11　2000—2016年世界主要行业工业增加值——购买力平价

从图5-11和图5-12中可以看出,在行业方面,表现最突出的是D10T12,但该行业是三个行业的加总,因此不具备一定的代表性。相反,行业D28、D24、D26等行业工业产出居于世界前列,证明这些行业仍然是国民经济的支柱行业,其基础地位仍然不可动摇。特别是行业D26,其工业产出和专利产出都很高,该行业的重要性不言而喻。

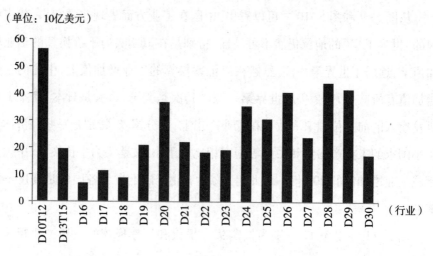

（单位：10亿美元）

（行业）

图 5-12　2000—2016 年世界主要行业工业增加值——汇率

第六节　缺失数据的处理

即便我们力图做到统计数据的全面性,但仍然有很多国家的数据有所缺失,究其原因:第一,在部分国家中这些行业的产值十分低,导致没有经济意义上的统计显著性;第二,某一年份该国并没有上报相关数据,如奥地利等国很多年份均未有统计数据;第三,各国统计制度不同,如美国只统计研发人员的数据,并未统计技术人员的数据。这些问题都导致了我们并不能获得较为连续的面板数据,存在大量缺失数据。

为此,我们在处理缺失数据、选择样本时尽量遵循以下原则:第一,如果该国研发投入和产出占世界的比重较大,即便该国缺失数据较多,我们也尽可能地构造该国的数据;第二,如果该国研发投入和产出占世界比重较小,甚至大部分年份为零,我们便剔除掉该国的数据。

从各变量的缺失数据情况来看,缺失较多的为人员投入数据,其次为资本投入数据,专利产出数据缺失较少。

从缺失数据的情况来看,缺失较多的为 2000 年和 2016 年数据,2016 年的数据直接采用 2015 年数据进行补充,2000 年的数据采用 2001 年的数据进行补充。

部分国家缺失样本中间年份的数据,如葡萄牙缺失 2006 年的技术人员和研发人员数据。对于中间年份数据,采用前后两年取平均值法进行补充。如果数据缺失两个连续年份,如意大利缺失 2001 年、2002 年技术人员的数据,我们就采用插值法进行补充。如果数据连续缺失年份较多,比如美国始终缺失技术人员的数据,且美国缺失 2007 年以后研发人员的数据,在这种情况下,对于美国缺失的技术人员数据,假定美国研发人员和技术人员比例和英国相同,我们根据英国的研发人员和技术人员的比例来测算得到美国的技术人员的数据,2007 年以后的数据采用 2000—2006 年的研发人员年均增长率进行补充,以便最后得到进行国际比较的平衡面板数据。

第七节　最终行业和样本的选择

在对缺失数据进行处理后,我们经过比较和筛选,剔除掉一些数据较小和样本量较少的国家和行业后,我们最终选取 2000—2016 年澳大利亚、奥地利、比利时、加拿大、中国、德国、西班牙、芬兰、法国、英国、意大利、日本、韩国、挪威、美国共 15 个国家的数据。

经过筛选,我们最终选取的行业如表 5-7 所示。

表 5-7　最终行业的选取和归并

序号	ISIC REV 4.0	GB/T 4754 -2011	最终行业数据
1	D10T12	13—16	农副食品加工业,食品制造业,酒、饮料和精制茶制造业,烟草制品业
2	D13T15	17—19	纺织业,纺织服装、服饰业,皮革、毛皮、羽毛及其制品和制鞋业

序号	ISIC REV 4.0	GB/T 4754 -2011	最终行业数据
3	D16	20—21	木材加工制品业
4	D17	22	造纸及纸制品业
5	D18	23—24	印刷与出版业
6	D19	25	石油加工、炼焦和核燃料加工业
7	D20	26、28	化学原料和化学制品制造业,化学纤维制造业
8	D21	27	医药制造业
9	D22	29	橡胶和塑料制品业
10	D23	30	非金属矿物制品业
11	D24	31、32	黑色金属冶炼和压延加工业,有色金属冶炼和压延加工业
12	D25	33	金属制品业
13	D26	39、40	计算机、通信和其他电子设备制造业,仪器仪表制造业
14	D27	38	电气机械及器材制造业
15	D28	34、35	通用设备制造业,专用设备制造业
16	D29	36	汽车制造业
17	D30	37	铁路、船舶、航空航天和其他运输设备制造业

通过本章的研究可以看出,行业层面数据的构造和选择涉及的问题很多,最主要的问题仍然是数据缺失问题。数据缺失问题就造成了统计上的显著性和经济上的显著性都不能同时获得,在面临一系列缺失数据时,我们能做的就是尽可能多地保持经济上的显著性。

同时,本章涉及的另外一个问题就是行业层面的数据在跨国层面的比较问题,对此,我们尽可能地构造一个可供比较的行业分类标准统一数据库,涉及中国的行业分类、ISIC 的行业分类、NACE 的行业分类的归并和统一,这一统一的口径标准可供其他学者进行引用。

经过多种渠道的构造和归并,最终获得了可供跨国比较的 14 个国家和地区、17 个行业、17 年的数据。

第六章 行业层面研发效率
测度及国际比较

国家层面研发效率的测度与比较有利于我们认清一国研发效率的整体发展状况以及国际地位,利用第五章所构造的中国与世界主要国家(地区)行业层面面板数据,就可以明确行业研发效率的发展状况及国际地位。行业层面的面板数据虽然较难以获得,但对于认清各行业的研发效率发展状况及地位、扩充研发效率理论有着重要的理论和现实意义。

本章将利用第五章所构造的中国与世界主要国家(地区)行业层面的面板数据进行研发效率的测度与比较分析。第五章所构造的中国与世界主要国家(地区)行业层面研发投入—产出数据库实际上是一个国家—行业—年份的三维面板数据,在本章分析时我们采取降维方法处理,以一个具体的行业为分析对象,构造不同国家同一行业的面板数据,以便于我们查明行业层面研发效率的发展情况。

第一节 单要素研发效率测度及国际比较

由于研发人员投入缺失较为严重,而研发资本投入缺失较少,采用资本研发投入这一指标进行国际比较较为合适。因此在进行单要素研发效率比较时采用研发资本投入来衡量研发投入,产出采用专利产出和增加值产出。

一、单要素研发效率测度结果分析——产出为专利产出

由于部分国家专利申请较少,因此专利产出为美国专利申请数、欧洲专利申请数和国际专利申请数三种专利申请数之和。在产出为专利产出时,世界主要国家(地区)行业层面资本研发效率测度结果如图6-1所示。

（单位：件数/亿美元）

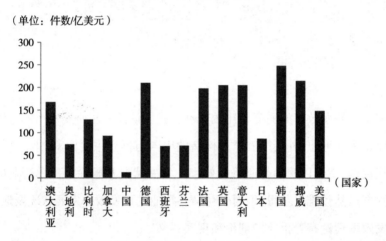

图6-1 2000—2016年世界主要国家资本研发效率——产出为专利申请数

从图6-1中的结果可以看出,在行业层面,中国在所有样本国家之中资本研发效率处于最低的水平,而且与其他国家差距十分大。美国和日本的资本研发效率也不是很高,这一点表明世界研发资本投入前三的大国——美国、日本、中国的资本研发效率表现反而并不好;相反韩国、挪威这些研发资本投入排名并不靠前的国家,其资本研发效率表现较好,例如韩国,第二次世界大战后,韩国从一个经济发展水平十分低的经济体一跃成为发达国家,离不开其科学技术立国的发展战略。而中国之所以表现不好,有以下四个原因:第一,资本研发效率并没有规模经济性,并不是研发资本投入越多,其研发效率就越高。第二,研发活动具有高度的不确定性,并不一定研发投入越多就越能带来相应的专利产出。并且各行业之间差异十分明显,有些行业由于行业特性,高

研发投入并不一定能带来高研发产出。第三,中国的专利体系与发达国家的差别较大,大多数中国企业(或者中国人)在专利申请时首先还是倾向于在本国寻求专利保护,在美国和欧洲寻求专利保护的较少,反映了中国企业在海外进行知识产权保护的意愿不强,中国企业在外国市场中对技术进行商业化的意愿也不足,大部分仅限于对本国市场进行保护。第四,中国的专利质量偏低,因此中国专利在国外市场寻求保护时难度较大,获得国际专利保护的可能性也较低,从而导致了中国的国外专利产出不高。从数据中我们也可以看出,中国的专利产出居世界中游水平,排名第七。但是,从我们绘制的世界主要国家的研发资本存量均值图和研发人员投入均值图中可以看出,中国的研发资本存量投入排名世界第三,而研发人员投入排名世界第一,高研发投入并未带来高研发产出,高投入—低产出的现象导致了中国的资本研发效率过低。

同时,为了比较各行业的研发效率的差异,我们根据相关数据绘制了2000—2016 年的样本中所有国家的各主要行业资本研发效率均值图,如图6-2 所示。

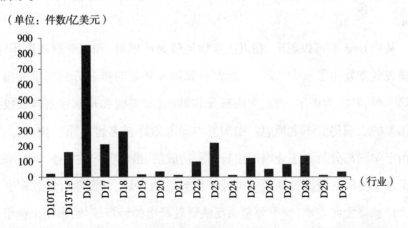

(单位: 件数/亿美元)

图 6-2　2000—2016 年世界主要行业资本研发效率——产出为专利申请数

从图 6-2 中可以看出,与我们的预期不一致的是,行业 D16(木材加工制品业和行业)、D18(印刷与出版业)资本研发效率较高;但是通过我们对相关数据观察后可以发现,这两个行业反而是研发资本投入最少的行业,特别是行业 D16,其研发资本投入在所有行业中最少。这一点和国家层面的成因类似,对于研发而言,由于专利并不具备规模经济,并不是研发投入越多,专利产出就会越多。这就代表在研发投入和专利产出之间会有一定的平衡性,而行业 D29(汽车制造业)的资本研发效率最低,而其无论是在研发资本投入还是在研发专利产出方面都居于前列。这代表研发活动即便具有高投入—高产出的特性,其效率也不一定就比较高。研发密集型行业的投入和产出之间的效率不一定比研发非密集型行业高。这就表明,技术落后国家可以在部分行业上实现技术的弯道超车,因为部分低技术密集型行业并不一定需要太多的研发投入就可以实现专利产出的显著性增长。

二、单要素研发效率测度结果分析——产出为工业增加值

当用专利为研发产出时,由于从专利到经济绩效之间还存在一定的差异,因此用专利产出较难以反映经济绩效。为此,我们可以使用工业增加值作为产出,世界主要国家的资本研发效率在以工业增加值为产出时如图 6-3 所示。

从图 6-3 中可以看出,在以工业增加值为产出时,和以专利产出不同,资本研发效率发生了较大的改变,意大利和澳大利亚的排名分别居世界第一位和第二位,其次为中国,再次为西班牙和韩国,而美国和日本这些研发投入较多国家的表现仍然不太理想。中国资本研发效率排名世界第三位,这主要还是由于中国部分行业工业增加值较高所造成的,虽然美国的工业产出也较高,但是由于美国的研发资本投入也处于世界前列,因此其资本研发效率表现仍不太理想。由此表明,如果要全面反映研发产出的经济绩效,采用工业增加值作为产出时更为合理,以工业增加值为产出可以反映一国是否通过研发带来了相应的经济增长,采用专利特别是国外专利数只能反映研发的国际化水平及对国外市场的重视。

（单位：无量纲）

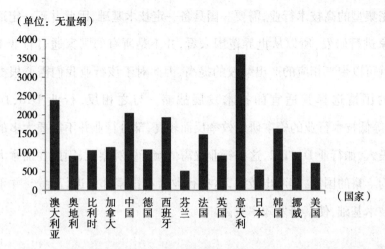

图 6-3 2000—2016 年世界主要国家资本研发效率——产出为工业增加值

同时,为了反映各行业之间的资本研发效率的差异,我们绘制了世界主要行业资本研发效率均值图(见图 6-4)。

（单位：无量纲）

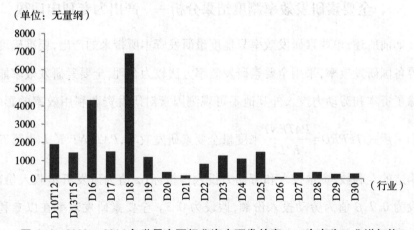

图 6-4 2000—2016 年世界主要行业资本研发效率——产出为工业增加值

根据图 6-4 可以看出,与以专利为产出时一个显著不同是:研发资本投入最多的行业 D26(计算机、通信和其他电子设备制造业,仪器仪表制造业)在产出为工业增加值时,其资本研发效率反而最低,这代表在研发投入和经济绩效之间行业 D26 并没有呈现出显著的规模经济性。究其原因,这是因为,虽然从总体范围来看,根据表 5-6,行业 D26 专利产出最多,但是由于该行业是技术密集型的高技术行业,需要一国具备一定技术基础,因此并不一定适合所有国家进行研发,所以从世界范围来看,并不是所有的国家通过行业 D26 的研发就可以带来相应的产出绩效的提高,因此对于该行业我们需要根据各国不同的国情选择其适宜的技术发展战略。与之相反,行业 D16、D18、D10T12 等低技术行业的资本研发效率反而较高,部分行业并不需要太多的研发资本投入,如行业 D10T12,这些行业仅需依赖于资源禀赋,因此在加拿大等资源较为丰裕的国家,其产出较高,这些行业所有国家都可进行生产,并不需要太多技术基础,使其研发效率较高。

第二节　全要素研发效率测度及国际比较

一、全要素研发效率测度结果分析——产出为专利申请数

如前所述,单要素研发效率只能度量研发资本所带来的产出,要准确度量世界各国研发效率,采用全要素研发效率方法较为合理,全要素研发效率能度量除了资本和劳动力投入外其他不可观测因素对研发资源利用效率的影响,我们采用式 $TFPRD = \dfrac{PATENT}{K^{\alpha}L^{\beta}}$ 来度量全要素研发效率,$PATENT$、K、L 为第五章所构造的专利数、资本投入和劳动力投入等指标;α 值为研发资本收入份额,假设为 0.7,β 值为劳动投入份额,假设为 0.3。全要素研发效率在以专利申请数为产出时各国均值结果如图 6-5 所示。

如图 6-5 所示,在产出为专利申请数时,全要素研发效率的结果基本上和资本研发效率的结果类似,在排名上相差基本不大,这表明研发资本投入和研发人员投入基本上是同步的,排名世界前三的是韩国、德国、挪威,英国的全要素研发效率较单要素研发效率(资本研发效率)有所上升,这代表在英国等国其研发产出较多地依赖于资本投入,而人员投入相对而言较少;法国和意大

（单位：无量纲）

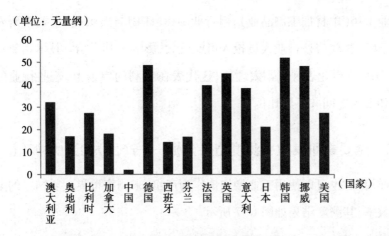

图6-5 2000—2016年世界主要国家全要素研发效率——产出为专利申请数

利有所下降,这代表这些国家的全要素研发效率较多地依赖于人员投入。中国的全要素研发效率在以专利申请数为产出时排名仍然最后。这充分说明中国的专利产出较多地依赖于大量的人员投入和资本投入来实现,在工业行业上表现仍然不太理想。

图6-6为产出为专利申请数时世界主要行业全要素研发效率均值图。

（单位：无量纲）

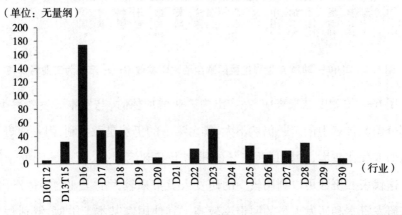

图6-6 2000—2016年世界主要行业全要素研发效率——产出为专利申请数

如图6-6所示,在行业层面上,世界主要行业全要素研发效率结果和单要素资本研发效率的结果也基本一致,在排名上相差基本不大,排名第一的仍然是行业 D16(木材加工制品业),但行业 D18(印刷与出版业)全要素研发效率有所下降,这代表该行业人员投入可能较大,影响了其产出。技术密集型行业 D26、D29 等行业表现也不太理想,这代表在专利的申请上,这些行业的研发投入和产出之间并不成比例。

二、全要素研发效率测度结果分析——产出为工业增加值

同样,我们也可以使用工业增加值作为产出,来测度世界主要国家的全要素研发效率,其测度结果如图 6-7 所示。

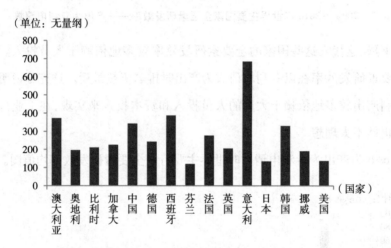

图 6-7　2000—2016 年世界主要国家全要素研发效率——产出为工业增加值

图 6-7 的测度结果表明,在产出为工业增加值时,与资本研发效率类似,大部分国家排名上的差距仍然不大,排名第一的仍然是意大利,但是西班牙和法国的变化比较大,特别是西班牙的排名上升到第二位,而中国则处于第四位。这代表西班牙可以利用较少的研发人员带来较大的工业增加值产出,表明其研发资本和研发人员的回报率较高。其他国家基本上类似,特别是美国和日本两个研发投入较多的国家,其研发产出效率仍然不高。

同样,我们也可以使用工业增加值作为产出,来测度世界主要行业的全要素研发效率,其测度结果如图 6-8 所示。

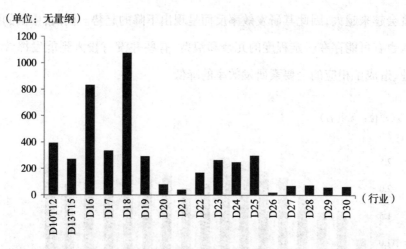

（单位：无量纲）

图 6-8　2000—2016 年世界主要行业全要素研发效率——产出为工业增加值

在产出为工业增加值时，在行业层面，全要素研发效率测度结果和单要素研发效率测度结果在排名上基本一致，这代表研发资本投入和研发人员投入在趋势上是一致的。要获得研发产出，除了资本投入外，必不可少地依赖于研发人员投入。

第三节　中国的研发效率发展趋势

由于资本研发效率和全要素研发效率在排名和趋势上基本一致，限于篇幅，本节仅对中国的全要素研发效率进行分析。为了查明中国各行业全要素研发效率的发展状况，我们绘制了中国全要素研发效率各年均值图，如图 6-9 所示。从图 6-9 中可以看出，2000—2016 年间，中国各行业全要素研发效率呈现出"倒 U 形"的变化趋势，中国各行业全要素研发效率在 2007 年达到顶点后，在 2008 年和 2009 年这两年又下降，虽然 2010 年和 2011 年有所反弹，但是在 2012 年后又呈现出下降的趋势。我们认为这主要是由于中国的研发资本投入也存在边际效益递减规律，当研发投入逐步增加时，研发产出难度会逐步增加；但是当研发产出被充分利用后，要想在技术领域创造更多产出，其难度会越来越大,因此其研发效率反而呈现出下降的趋势。同时,中国的研发投入也有可能存在一定程度的冗余和浪费,有些并没有投入到能发挥效率的行业,造成了相应的全要素研发效率的降低。

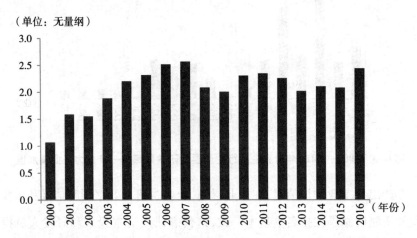

（单位：无量纲）

图6-9　2000—2016年中国全要素研发效率各年均值——产出为专利申请数

图6-10为中国各行业的全要素研发效率在产出为专利申请数时的均值图。与全样本的测度结果类似,行业上仍然是行业D16和行业D18排名居于前两位,但这两个行业不具备充分的代表性,因为这两个行业都是研发投入极低的行业,因此可能造成结果上的偏差。其次为行业D25（金属制品业）、D26（计算机、通信和其他电子设备制造业,仪器仪表制造业）、D23（非金属矿物制品业）和D28（设备制造业）排名较为靠前,特别是行业D26排名也较为靠前,这代表中国在行业D26的表现要优于世界平均水平,中国的研发产出在计算机行业和设备制造业上开始追赶发达国家。由此表明,中国的研发产出上存在着利用后发优势追赶发达国家的可能性。行业D24（金属冶炼加工业）和行业D19（石油加工、炼焦和核燃料加工业）居所有国家最后,这代表中国在这些重工业行业上的研发效率较低,较大的研发投入反而没有带来较多的研发产出,这代表中国在这些行业上的技术的国际竞争力是不大的。

图6-11为产出为工业增加值时中国各年度全要素研发效率变化趋势,

（单位：无量纲）

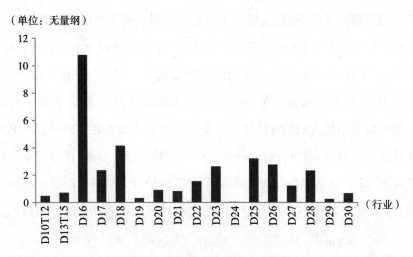

图 6-10　2000—2016 年中国全要素研发效率各行业均值——产出为专利申请数

与以专利申请数为产出时不同，中国全要素研发效率在 2008 年之后呈现出很大的下降趋势，这代表中国研发全要素研发效率在中国经济进入新常态后反而下降了，同中国的研发增长的趋势不一致，表明中国需要重视海外专利的储备和知识产权的国际化保护。

（单位：无量纲）

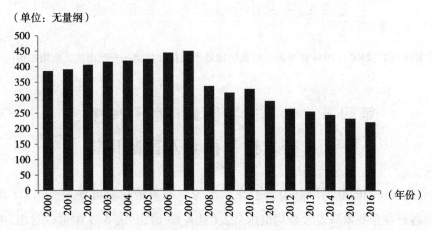

图 6-11　2000—2016 年中国全要素研发效率各年均值——产出为工业增加值

图 6-12 为产出为工业增加值时中国各行业的全要素研发效率均值，行业 D16 排名仍然最为靠前，但是行业 D10T12 和行业 D19 在与以专利申请数

为产出时呈现很大的不同,这些行业的全要素研发效率在以工业增加值为产出时排名较为靠前,这代表这些行业的研发产出在经济绩效上的表现较好;但是,从另一个角度来看,这些行业的经济绩效也不一定完全依赖于研发,特别是行业 D10T12 作为食品工业,并不需要太多的研发投入,只需要较少的研发投入就可以带来较大的经济绩效。这就进一步说明如果要带来研发产出的稳定性持续性的增加,选择合适的行业进行投入是十分重要的,部分行业可能会存在研发专利产出和经济绩效之间的不匹配,部分行业从研发产出到经济绩效之间会有一定的障碍,中国要做好产学研之间的结合,以提升研发产出效率。

（单位：无量纲）

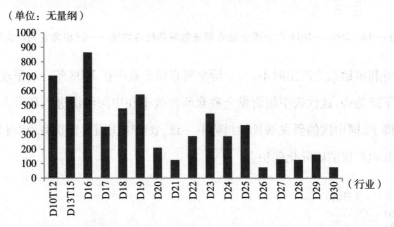

图 6-12 2000—2016 年中国全要素研发效率各行业均值——产出为工业增加值

第四节 世界主要国家(地区)各行业研发效率排名及国际比较

根据我们的数据绘制了一个在产出为专利申请数时世界主要国家(地区)各行业全要素研发效率均值排名表(见表 6-1),从表 6-1 中可以看出,中国所有行业在样本国家中都排名靠后,这一点和我们对中国行业研发效率的分析基本类似,其主要原因还是中国的技术基础较为薄弱,样本初期的研发投入很大但是产出较少。虽然近年来中国各行业的全要素研发效率有所上升,但是上升幅度仍然不大,和世界发达国家相比仍然有一定差距,这表明中国的研发效率提高之路仍然任重而道远。

表 6-2 为产出为工业增加值时世界主要国家(地区)各行业全要素研发效率均值的排名。从表 6-2 中可以看出,当我们的产出为工业增加值时,中国的大多数行业如 D20、D21、D26 排名第一,行业 D10T12、D13T15、D19、D29 排名第二,代表单纯以工业增加值为衡量指标时,中国的全要素研发效率居于世界前列。而美国、日本等国家的表现仍然不太理想,特别是日本,在行业 D22、D23 上排名样本国家最后。这充分说明行业的研发投入和经济绩效之间仍然存在一定的距离,各国要充分做好产学研结合,以提升研发效率。

限于数据的可获得性,本章采用了专利申请数和工业增加值来反映行业层面研发效率。从本章的分析中可以看出,工业增加值在反映行业研发效率方面的效果不如专利申请数好,主要是由于部分行业的工业增加值并不是完全由研发所导致,工业增加值的增加很多时候得益于要素投入,特别是一些农林行业和轻工业行业。

从本章的分析结论中可以看出,当我们采用专利申请数来衡量行业层面的研发效率时,中国的表现较为不理想,这主要是由于中国样本初期技术基础较为薄弱,而且中国是一个研发投入大国,其研发产出相对而言没有一些小国具有规模经济性,这也充分表明研发产出在研发投入达到一定规模后反而呈现出规模报酬递减规律;其他的研发投入大国如美国和日本等国行业层面的全要素研发效率也只是居于世界中游水平。

总而言之,从本章的分析中可以看出,研发活动具有高度的不确定性,研发活动也并不具备规模报酬递增的特征,要想占据世界技术前沿,通过研发带来生产率和技术水平的提高,研发投入的规模一定要持续增长,并以研发投入的增长来消除研发边际报酬递减规律的负面影响,并合理地配置研发资源,同时注重研发产出质量的提高,注重提升研发产出的国际化水平,以此来促进研发效率的全面提高。

表6-1 2000—2016年世界主要国家（地区）各行业全要素研发效率均值排名（产出为专利申请数）

行业排名	D10/T12	D13/T15	D16	D17	D18	D19	D20	D21	D22	D23	D24	D25	D26	D27	D28	D29	D30
1	奥地利	挪威	韩国	德国	法国	意大利	加拿大	澳大利亚	挪威	挪威	意大利	日本	澳大利亚	挪威	挪威	芬兰	芬兰
2	德国	英国	德国	英国	韩国	比利时	澳大利亚	挪威	英国	韩国	德国	澳大利亚	挪威	韩国	韩国	挪威	日本
3	加拿大	美国	英国	韩国	比利时	加拿大	美国	韩国	澳大利亚	美国	美国	意大利	英国	澳大利亚	法国	加拿大	挪威
4	美国	澳大利亚	意大利	意大利	澳大利亚	澳大利亚	奥地利	加拿大	美国	加拿大	挪威	芬兰	德国	美国	美国	比利时	奥地利
5	比利时	德国	法国	法国	挪威	奥地利	英国	奥地利	加拿大	德国	芬兰	韩国	奥地利	德国	加拿大	奥地利	澳大利亚
6	挪威	加拿大	比利时	比利时	德国	德国	意大利	德国	意大利	英国	英国	德国	西班牙	日本	澳大利亚	英国	比利时
7	意大利	法国	澳大利亚	奥地利	意大利	日本	法国	美国	德国	意大利	奥地利	美国	比利时	加拿大	比利时	法国	法国
8	韩国	芬兰	美国	日本	芬兰	美国	西班牙	意大利	芬兰	日本	加拿大	挪威	意大利	法国	日本	西班牙	韩国
9	芬兰	奥地利	挪威	西班牙	奥地利	法国	芬兰	法国	澳大利亚	澳大利亚	日本	英国	法国	英国	英国	澳大利亚	德国
10	法国	意大利	日本	挪威	日本	芬兰	韩国	芬兰	奥地利	芬兰	法国	奥地利	日本	意大利	德国	日本	美国
11	日本	日本	西班牙	美国	美国	西班牙	比利时	西班牙	比利时	比利时	澳大利亚	加拿大	美国	比利时	意大利	德国	法国

续表

行业排名	D10 T12	D13 T15	D16	D17	D18	D19	D20	D21	D22	D23	D24	D25	D26	D27	D28	D29	D30
12	英国	韩国	奥地利	澳大利亚	加拿大	韩国	德国	日本	西班牙	比利时	韩国	比利时	韩国	芬兰	西班牙	意大利	英国
13	澳大利亚	比利时	加拿大	芬兰	西班牙	英国	日本	英国	日本	奥地利	西班牙	法国	芬兰	奥地利	芬兰	美国	意大利
14	西班牙	西班牙	芬兰	意大利	英国	中国	中国	比利时	法国	西班牙	比利时	西班牙	加拿大	西班牙	奥地利	韩国	西班牙
15	中国	中国	中国	中国	中国	挪威	挪威	中国	中国	中国	中国	中国	中国	中国	中国	中国	中国

表6-2　2000—2016年世界主要国家（地区）各行业全要素研发效率均值排名（产出为工业增加值）

行业排名	D10 T12	D13 T15	D16	D17	D18	D19	D20	D21	D22	D23	D24	D25	D26	D27	D28	D29	D30
1	奥地利	意大利	意大利	韩国	意大利	意大利	中国	中国	英国	意大利	韩国	意大利	中国	澳大利亚	西班牙	加拿大	挪威
2	中国	中国	澳大利亚	西班牙	法国	中国	西班牙	挪威	澳大利亚	加拿大	西班牙	韩国	澳大利亚	韩国	意大利	中国	韩国
3	意大利	英国	西班牙	意大利	澳大利亚	日本	加拿大	西班牙	中国	中国	意大利	韩国	西班牙	中国	中国	西班牙	澳大利亚
4	加拿大	澳大利亚	英国	英国	比利时	加拿大	韩国	澳大利亚	西班牙	西班牙	中国	澳大利亚	韩国	西班牙	韩国	芬兰	芬兰
5	西班牙	韩国	德国	德国	西班牙	比利时	澳大利亚	韩国	加拿大	韩国	美国	中国	意大利	德国	挪威	比利时	日本

续表

行业排名	D10 T12	D13 T15	D16	D17	D18	D19	D20	D21	D22	D23	D24	D25	D26	D27	D28	D29	D30
6	德国	西班牙	中国	中国	韩国	美国	意大利	意大利	意大利	澳大利亚	德国	芬兰	英国	意大利	加拿大	韩国	中国
7	挪威	美国	韩国	奥地利	德国	西班牙	比利时	奥地利	韩国	挪威	奥地利	德国	德国	日本	德国	意大利	西班牙
8	法国	挪威	法国	法国	奥地利	澳大利亚	美国	德国	挪威	英国	澳大利亚	加拿大	奥地利	美国	日本	奥地利	意大利
9	澳大利亚	加拿大	挪威	比利时	挪威	德国	奥地利	美国	德国	美国	日本	日本	挪威	奥地利	比利时	英国	比利时
10	美国	法国	比利时	日本	加拿大	韩国	英国	比利时	美国	德国	比利时	英国	美国	加拿大	奥地利	澳大利亚	奥地利
11	英国	德国	奥地利	加拿大	芬兰	英国	法国	芬兰	奥地利	奥地利	芬兰	美国	芬兰	比利时	法国	日本	加拿大
12	比利时	奥地利	加拿大	芬兰	中国	奥地利	德国	加拿大	芬兰	芬兰	英国	奥地利	日本	英国	澳大利亚	德国	美国
13	韩国	芬兰	日本	澳大利亚	日本	法国	芬兰	英国	比利时	比利时	挪威	比利时	法国	法国	芬兰	挪威	德国
14	日本	日本	美国	美国	美国	芬兰	日本	日本	法国	法国	法国	法国	比利时	挪威	美国	美国	英国
15	芬兰	比利时	芬兰	挪威	英国	挪威	挪威	法国	日本	日本		挪威	加拿大	芬兰	英国	法国	法国

第七章　研发效率影响因素理论分析

　　纵观世界经济发展史,我们可以看到:创新及由此带来的生产率增长一直以来都是经济增长的驱动因素。从对研发效率国家层面和行业层面的比较中可以看出,虽然中国的研发效率在不断地进步,但是与世界领先国家相比仍有一定的差异,特别是在部分行业上的表现仍不太理想。研发效率还具备一定的提升空间。

　　虽然世界整体范围内的技术和研发资源的可获得性和流动性伴随着科学技术的进步在不断地提高,但与此同时,我们仍然要看到,技术和知识的更新换代速度越来越快,其利用效率的优劣仍然取决于一国特有的技术、环境和基础设施等因素。从世界范围来看,世界各国的国情和发展历程都不同,世界各国的技术基础和研发投入也不同,世界各国各行业之间的发展更是有很大的差异,因此,其研发资源的利用效率也必然会呈现很大差异。从这一章开始,我们试图回答的基本问题便是世界各国的研发效率的差异究竟是由哪些因素造成的,这些因素对研发效率的影响究竟有多大,只有明确了研发效率的影响因素,才能有针对性地从阻碍研发效率提升的因素出发,提出一些提高研发效率的方法。

　　但是,目前我们也要看到,研发效率影响因素的相关理论仍未成熟,相关研究也很少。我们只能从技术经济学的理论体系出发,对研发效率的影响因素相关理论进行梳理和总结,以便形成研发效率影响因素的相关理论体系,并从这些相关理论中提炼出影响研发效率的主要因素,并在随后的第八章、第九章中用我们搜集到的国家层面和行业层面的数据来实证验证这些因素究竟是否如本章的理论假设一样对研发效率有影响。

第一节 知识扩散理论

一、知识扩散理论主要内容

所谓知识扩散(Knowledge Spillover),就是在经济上有用的知识在企业之间以不付费的方式转移。知识扩散对研发效率的研究有着重要的作用,因为研发并不是一个单一的过程,研发活动需要知识的积累,也需要利用前人的知识,研发活动所创造的知识也可以扩散到别的研发主体中,在降低研发活动创造者私人收益的同时提高其社会收益,因此知识的扩散对研发而言显得更为重要。

相关经济理论已经对知识扩散有着较为充分的论述。新古典经济增长模型认为,知识是完全外生于经济增长过程的,他在产生后就改变了现有的生产函数,并没有一个扩散过程。阿罗则认为知识是通过"干中学"获得的,但一旦知识被获得后,就体现在所有生产者的生产中,因此,知识的扩散是一个无时间、无障碍、无任何成本的过程。罗默(Romer,1986)也认为,社会上的现有知识都可以被任何一个厂商无条件地获得,但厂商如何获得这些知识,罗默并没有进行详细的说明。

研发活动会创造新知识,如果知识能够扩散,并且其外部性确实存在,也会表现在研发活动中,从而会对研发效率有显著的影响。格里利克斯(1979)对第二次世界大战以后研发活动的收益率进行了测算,他发现第二次世界大战以后研发活动的收益率与以前相比呈现出显著的上升趋势。第一,私人部门的研发收益率比较高,在美国,这种收益率甚至是物质资本的两倍,在其他国家甚至更高。很多时候这种较高的收益率部分是为了抵偿研发风险,但是如此之高的收益率也不能全部解释为研发风险补偿效应,还有一部分原因是研发者的垄断势力所决定的。第二,当考虑到相同部门知识溢出效应时,研发回报收益率会更高,进一步,当我们继续考虑到不同部门的知识溢出效应时,研发回报收益率还会上升。这就说明了知识溢出效应对研发活动有显著的促进作用。同时,由于知识外部性的存在,研发的社会收益率显然要比研发的私人收益率要高。这就说明了知识扩散在研发溢出中的重要作用。

知识扩散理论也强调知识扩散在经济增长中的重要作用,如果不存在知识的扩散,就不存在生产率增长之间的差异,也无法解释国家之间经济增长水平之间的差异。对于将知识积累内生化增长模型的另一个扩展,就是研究知识的扩散和增长之间的关系。格罗斯曼和赫尔普曼(2015)发表在《美国经济评论》的文章中对此进行了详细的总结,文章指出:增长模型强调国际知识外溢是全球化和经济增长的关键因素。科学家可以通过互换思想来产生知识扩散。知识也可以在商业交易或者同别人交往的过程中产生。在国外学习也可以导致知识的扩散。相关的研究已经充分表明创新是经济增长的源泉:第一,如赫尔滕(Hulten,1978)在增长核算中所描述的,新古典经济增长文献已经验证了技术改变是生产率增长的主要贡献(阿布拉莫维茨,1956;索洛,1957)。第二,创造和创新也是技术改变的源泉,这主要是由于创造的知识可以扩散,而且不用对原始创新主体负责,这种转移不需要一个特定的价格。如阿罗(Arrow,1962)和纳尔森(Nelson,1959)所指出的,研发活动等知识创造活动需要找到一个合适的投资水平,因为这些知识的转移能够扩散而且并不需要在一个很好的市场中发生,政策必须促进这些知识在不同的部门和不同的国家之间的转移。如第一章所述,知识扩散给出了新经济增长理论的第二波浪潮,强调了创新是经济增长的重要源泉。

二、知识扩散的影响因素

从知识扩散和研发效率的关系上来看,知识扩散理论是对研发效率理论的一个重要补充。如何才能提高一国的研发效率呢? 显然需要依赖于知识在不同部门之间的扩散,如果知识无法扩散,就会导致研发的生产者需要更多的努力才能创造更多的成果,从而使得研发产出不高,研发效率低下。那么,知识在不同的国家和不同的行业之间扩散的主要因素是什么呢? 对此,很多学者都进行了不同的阐释。科勒(Keller,2001)将国际研发外溢分成三个部分:贸易、FDI 和语言技能。他发现 70% 的国际研发外溢效应是由贸易造成的,15% 是由于 FDI,其他的 15% 是由于语言技能。科勒认为地理距离对国际研发外溢的作用并不明显。格罗斯曼和赫尔普曼(1995)的研究认为贸易开放度是决定国际研发外溢的关键因素。邓宁(Dunning,1977)和库科(Kokko,1992)等人的研究都认为,FDI 也是决定知识扩散的重要因素。科等(2005)提出了制度在知识扩散中的重要作用。根据这些相关研究,我们将知识扩散的渠道总结如下。

(一) 国际技术转移

国际技术转移是一种典型的知识扩散途径。由于发达国家掌控了很多技术核心,并且拥有完备的知识产权保护体系,因此,国际技术转移(特别是技术许可费等形式)是技术落后国家引进发达国家技术的主要渠道。但是,大部分学者认为:国际技术转移的关键渠道并非是通过技术转移,原因有下列几个:一是技术是"缄默"(tacit)的,它并不是显性的,授权或者购买不可以获得"缄默"的知识和技术,但是有可能通过隐性的外溢进行转移;二是大多数国际技术转移产生于跨国公司里,即母公司与子公司当中,国际技术转移过程中,转移方与被转移方有着严重的信息不对称问题;三是由于技术垄断存在于部分发达国家之中,转移核心技术存在较大困难。占有发展中国家的市场份额,才是发达国家进行技术转移的最终目标,因此,一般只会允许发展中国家对其已经成熟、标准化的技术进行转移,而基本上禁止高新技术的转移,但是技术发展往往取决于高新技术。

(二) 国际贸易

国际贸易活动也是知识转移和扩散的关键途径。国际贸易的国际知识扩散和技术转移效应之所以存在,究其原因是由于技术是非排他性和非竞争性的,技术的原创者并不能独享技术创造所带来的全部收益,而且技术也能被不同的人和不同的部门使用,所以通过国际贸易就有可能被后发国家学习,并加以引进消化吸收再创新。从现有研究来看,国际贸易主要是通过进口贸易和出口贸易来促进国际技术扩散。

那么,进口为何会导致技术扩散呢? 概括来说,学者们普遍认同其影响途径主要有两种:一种是通过中间品贸易;另一种是国际技术贸易。中间品贸易是通过采购国外的半成品在本土进行最终品的生产加工,这样,既节约了成本(进口成本远低于研发成本),引发了技术溢出作用,也可以对外国中间品进行研究,获取其蕴含的专业技术与研发成果,从而达到对本国生产力的促进作用。通过技术贸易,可以产生技术溢出,有利于进口国的技术创造。与此同时,进口国通过引进技术,更加了解了本国的生产技术、人力资源等方面与出口国之间的差异,这些也会引起进口国重视这方面的创新,从而对技术存量产生非常有效的促进作用。技术落后的发展中国家和地区,其技术差异更大,有着很大的进步空间,国际技术贸易对这些后发地区技术能力的提高和创新诱导反应机制的改善有着重要的作用,并最终能够提高这些国家和地区的技术水平。

与进口相比,出口对国际技术扩散的作用并不明显,这主要是由于出口的企业通常都具有较高的生产率,很难通过出口吸收新技术。但一些经济学家们研究发现"边出口边学习"(Learning by Exporting)的模式也是有可能实现的,这种模式主要体现在:由于国外的标准更高,这样便促使进口商对出口商给予一定的技术支持与相关产品设计方案,这样无形中出口国企业便学习到了国外先进的技术,在此过程中也就产生了国际技术扩散。在当今国际分工日益明确、深化的背景下,出口企业与进口企业之间的交流互动更多,因此,通过技术交流与合作,出口方的技术标准可能会在无形之中被提高。

（三）外商直接投资

国际知识扩散另一个重要渠道便是外商直接投资(FDI)。外商直接投资的主要形式是在东道国设立子公司,同时也给东道国带来了先进的技术与设备,这样,本国雇员可以从中进行学习,最终把技术扩散到全国,引发了技术进步。由 FDI 引发的国际知识扩散也是一种"溢出效应"。FDI 不同于其他的知识外溢的渠道,它能在转移过程中转移人力资本、机器设备等,而这些都是其他渠道不能转移的部分。FDI 的知识溢出效应主要有三个主要的传导机制:第一,直接学习国外的先进技术;第二,联系效应,即在本地的跨国公司的子公司引发"联系效应";第三,研发当地化,即直接在东道国设立研发机构。[1] 下列便是这些机制的核心内容。

第一,直接学习国外的先进技术。在此情形中,溢出效应主要通过两种渠道产生:高新技术由跨国公司子公司带到东道国;先进技术被跨国公司子公司扩散到东道国。邓宁(1977)指出,跨国公司子公司能够获得先进技术的比较优势在于:其一,母公司所独有的技术是其在所投资地区占有市场份额的主要竞争手段,母公司有必要分享拥有的高新技术;其二,母公司已形成了完备的生产网络,子公司可以借助这些,获得外部技术来源。虽然这样,但子公司通

---

① 库科(Kokko,1994)的研究和本书的分析略有差别,他们认为技术从 FDI 企业扩散到其他企业至少有四条路径,即示范模仿效应;竞争效应;与国外的联系效应(foreign linkage effect);培训效应(training effect)。Kokko A., "Technology, Market Characteristics, and Spillovers", *Journal of Development Economics*, Vol.43, No.2, 1994, pp.279-293。

常没有责任,也不情愿对投资地区进行技术扩散。①

第二,联系效应。对于东道国的外商直接投资会使得 FDI 将东道国的生产企业纳入到全球价值链当中。FDI 的"联系效应"分为"前向"和"后向"联系,"前向"是指销售中间品,"后向"是指采购原材料和中间品。跨国公司的优势便是拥有独特的先进技术,而东道国公司会与跨国公司子公司产生技术信息交流,在此过程中,东道国公司就会积极采取行动,免费搭上这趟"技术列车",知识溢出效应由此产生。尽管跨国公司子公司会向东道国公司索要补偿,但当地厂商由于技术进步而导致生产力增长所获得的收益,跨国公司子公司是无法全部攫取的。

第三,研发当地化。跨国公司为了长期占据当地市场份额,采用研发当地化的战略是十分必要的,同时,在东道国设立研发机构,也有利于利用本地资源(基础设施、人工等),同时也会培训当地的研发人员,由此不可避免地对东道国产生技术扩散,并带来研发效率的提高。

(四) 地理距离

学者们广泛认同,知识扩散程度与其地理距离有极大关联。虽然随着交通通信技术的发展,该因素的影响在日渐缩小,但在微观层面上,企业的知识扩散作用仍然依赖于地理距离的大小,比如新经济地理学就强调企业之所以会产生集聚效应的一个主要原因就是可以通过地理距离的缩小更快地利用其他企业的技术,带来正的外部性,从而有利于企业降低研发成本,提高研发效率。

(五) 语言距离

除了地理距离以外,另外一种影响知识扩散的距离因素就是语言距离,由

---

① Dunning J.H., "Trade, Location of Economic Activity and the MNE: A Search for an Eclectic Approach", *The International Allocation of Economic Activity*, *Palgrave Macmillan*, London, 1977, pp.395-418.

于英语是世界上通用的语言,因此技术和知识大多可以以英语为载体进行储存,如果一个国家的语言和英语更为相近,就更容易吸收外国的先进技术和知识,其国际知识扩散就越容易,技术溢出效应就越明显。

三、知识扩散和研发效率的联系

(一) 知识扩散是研发效率提升的前提条件

知识扩散特别是国际知识扩散是提升研发效率的前提条件,如果一国仅仅通过自身的资源和知识不足以实现研发效率的提升,国际专利的申请和国际论文的发表等都需要以知识扩散为前提,只有提升知识扩散能力,才能更容易吸收世界领先国家的技术知识,才能站在世界技术前沿,实现技术能力的提升。通过国际贸易和FDI等渠道带来的国际知识外溢更是一国实现研发效率提升的前提条件,任何一个国家都不可能在封闭条件下进行研发创新活动,任何研发创新活动都需要吸收先进技术和先进知识实现,如果不具备吸收先进技术和先进知识的能力,其研发效率提升基本上很难实现。知识扩散的速度也决定了研发效率提升的速度,如果一国对世界先进技术和先进知识有着很高的敏锐度,其国家的研发人员始终能最快地接受先进技术和先进知识,其研发效率提升起来也就越快。

(二) 研发效率的高低决定了知识扩散的速度

技术经济学、发展经济学等众多经济理论均体现了知识扩散对技术和知识在世界范围内流动的促进作用。在技术收敛理论中,经过长时间的扩散,外部的高新技术也可以被吸收,缩小了国与国之间的技术差距。在技术赶超理论中,国际知识外溢是经济收敛源泉,最初时段,先进国家流出新技术(在开发的经济环境下是不可避免的),后发国家从中获益。但有些后发国家并没有从中获益,还是处于低发展、落后的阶段,原因是什么呢? 为什么有的国家其研发资源利用仍然不尽合理,不能促进其生产率的提升呢? 尤其是知识扩散过程中,一个令人感到怪异的情景经常发生:发达国家的先进技术被许多发展中国家争先引入,却堕入一个"引进—落后—再引进—再落后"的怪圈,其根源是后发国家引入了技术,却没有与之协同的研发能力和研发效率,这样,努力引进的技术根本没有被消化吸收,无法被应用的技术即使再先进,发展中国家的经济增长也不可能因此而进步。

从以上的分析中可以看出,知识扩散是决定研发效率提升的基础因素和前提条件,同时知识扩散速度也决定了一国的研发效率提升速度,而研发效率和研发能力又决定了一国能否利用知识扩散来实现生产率增长,因此,影响知识扩散的因素必然也会影响研发效率。

第二节 社会能力和吸收能力理论

一、社会能力和吸收能力理论主要内容

19 世纪 80 年代末和 90 年代初,部分学者通过实证研究后发现,世界各国之间的经济收敛并没有发生,这显然不符合索洛模型的假设。为了解释这一现象,很多学者提出了技术能力理论和吸收能力理论。美国经济史学家亚历山大·格申克龙(Alexander Gerschenkron,1962)通过经济增长的核算(Growth Accounting)研究后发现,只有一小部分美国的生产率增长可以解释为要素的增长,而大多数生产率增长仍然由不可观测的因素导致。这一研究结论发现后,很多其他的研究如丹尼森(Denison,1962)、肯德里克(Kendrick,1961)、索洛(1957)使用不同的数据库也发现了相同的结论,研究结论表明,世界各国之间的技术赶超并没有发生,世界各国的技术收敛也并没有出现,他们认为并不存在自发的技术赶超,技术赶超要求相当多的努力,也要求一国在组织和制度上的改变。因此,这些研究都认为一个国家技术的赶超依赖于这

个国家是否有必要的能力。

社会能力理论指出了发展中国家要赶超发达国家必须具备一些能力,例如改善教育(尤其是技术)和基础设施(包括金融体系)。阿布拉莫维茨(1965)认为西欧国家在第二次世界大战后的一段时间成功赶超美国主要是由于增加了西欧国家的技术一致性和提高了社会能力。他认为欧洲的经济一体化进程创造了一个更大的和更加一致的同美国类似的市场,促使了美国的规模密集型技术向西欧的转移。而西欧国家也致力于提高教育水平和有效的金融系统,进一步提高社会能力来加速吸引美国的先进技术。

"社会能力"概念很快在后续研究中使用得越来越多。尽管如此,阿布拉莫维茨本人承认,这个定义"非常模糊"(阿布拉莫维茨,1994),并且给了不同范围的不同解释。尽管阿布拉莫维茨觉得很难衡量,但他还是试图给出一些他认为决定了社会能力的重要方面,这些方面有:技术竞争程度(教育水平)、大型企业组织管理经验、有能力大规模动员资本的金融机构和市场、社会的诚实与信任程度、政府的稳定性及其在支持经济方面的有效性,等等。

与"社会能力"类似,在有关增长和发展的应用文献中还流行的一个相关概念是"吸收能力",该术语本身并不陌生。在发展经济学中,它已经使用了很长时间,这一术语开始主要用于解释发展中国家为什么能够吸收大量外国直接投资。但是,随着知识在增长和发展中的作用越来越重要,吸收能力开始与吸收新知识的能力有关。罗斯托(Rostow,1980)很好地总结了这一新观点:"经济增长取决于对现有和正在展开的相关知识的吸收率;吸收率又取决于训练有素的高技术人员和资本;中等收入国家经济增长速度较快的原因是他们已经积累了相应的人力资源,所以他们可以加速对现有知识的吸收。"

韦斯利·科恩(Wesley Cohen)和丹尼尔·莱文塔尔(Daniel Levinthal)在对吸收能力的一篇有影响力的研究论文中,将这一概念应用到企业层面,他们将其定义为"在企业层面上,吸收能力被定义为发现新信息的实用意义并将其吸收,最终用于商业价值的能力"(科恩和莱文塔尔,1990)。该定义已经广泛用于国际知识溢出的分析中。他们的研究认为吸收能力取决于企业先前的相关知识,而这些知识反过来又被认为可以反映其研发的积累水平。但是,他们还指出,知识的路径依赖性质可能使企业很难获得在其专业领域之外的新知识,因此,对于企业而言,通过保持其知识库中的一定程度的知识多样性非常重要;除此之外,还要经常与自己企业外部的知识拥有者建立联系。

尽管科恩和莱文塔尔提出吸收能力的侧重点是企业,但该概念也适用于其他更加一般的加总层面,例如在地区或国家层面(Eaton、Kortum,1999;Griffith,2004;Keller,1996)。如在国家层面,吸收能力被定义为学习发达国家的技术并将它们运用于实际中的能力。

但是请注意,科恩和莱文塔尔使用的吸收能力的概念结合了三个不同的过程,即:第一,搜索;第二,对发现的内容进行同化(或吸收);第三,将其应用在商业层面。因此,它不仅指的是"吸收"知识,而且还指"开发"和"创造"知识。但部分学者强调吸收现有知识的能力和创造新知识是如此相似,因此区分它们毫无意义(Cohen 和 Levinthal,1990)。相反,扎赫拉和乔治(Zahra 和 George,2002)在对文献的评论中指出:创建和管理知识所需的技能不同于知识利用能力,因此,对这两种应该区别对待,他们将知识的开采和开发能力定义为"技术转化能力"。

二、社会能力和吸收能力的影响因素

研究社会能力和吸收能力的决定因素对研究研发效率的影响因素有重要的借鉴意义。社会能力和吸收能力研究的一个难点就是它难以被量化。从目前的研究可以看出,影响社会能力和吸收能力的外部环境变量主要有研发活动水平(包括研发支出、研发活动实验室)、人力资本、对外开放程度等,当然,一部分学者也赞同一国的政治经济制度、市场开发程度等一系列经济形态的因素,也会影响一国的社会能力和吸收能力。我们对社会能力和吸收能力的决定因素总结如下。

(一) 研发活动

学者们普遍认同研发活动本身是社会能力和吸收能力中最关键的一环,科恩和莱文塔尔(1989、1990)从两个不同的角度阐述了研发的作用,一方面,研发可以直接提升企业的技术水平;另一方面,它可以从"干中学"出发,提高劳动力的水平,从而提高企业的吸收能力,提高一国的社会能力。所以从这个角度来说,研发是有利于提升一国的社会能力和吸收能力,从而实现一国更快地利用国外的先进技术并带来研发效率提升的。

(二) 教育和人力资本

一国的人力资本水平和国民的受教育程度也是衡量社会能力和吸收能力的关键因素。人力资本可以直接促进生产率的提升,同时,也会使得一国能够更加容易地吸收外国技术,劳动者水平和素质相对较高的国家对先进技术的敏锐度也比较高。人力资本的积累除了可以直接提高一国的技术水平外,也能通过进口的"溢出效应"加大吸收外国高新技术的能力,假设某国只有较低水平的人力资本,这个国家利用国外高新技术的能力也会有所欠缺。这些都证明了人力资本是社会能力和吸收能力的关键因素之一。

(三) 贸易开放度

贸易开放度和社会能力、吸收能力也有重要的联系。贸易越开放,证明该国可以通过进口和出口接触到国外先进技术的可能性也越大,同时也能吸引更多的国际投资进行技术交流、提高社会能力和吸收能力,促进本国技术进步。

(四) 互联网发展和电脑普及度

互联网发展和电脑普及度是决定一国能否较为便利地传播和吸收知识的

重要指标。一国的互联网发展如果较为缓慢,新技术和新知识的利用和传播就不能很快实现,也不能通过互联网的使用带来研发和创新上的便利,如果一国的互联网发展和电脑普及度不够,在知识急剧膨胀的现代社会,其研究和开发工作的进程就会大大减慢,因此互联网发展和电脑普及度是决定社会能力和吸收能力的重要指标。

(五) 服务业和高技术产业发展

服务业和高技术产业发展也是决定社会能力和吸收能力的重要指标,完善的服务业和高技术产业发展会使得一国拥有较好的技术基础,使得一国有着较低的融资成本和金融体系,有着较为便利的具有良好服务水平的人力资本。即使服务业和高技术产业的发展并不直接导致吸收能力的提升,也会通过对服务业和高技术产业的投资带来的技术扩散效应来促进吸收能力的提升,由高技术产业对其他产业的推动作用带来产业的全面发展,这进一步促进社会能力和吸收能力的提升,因此,社会能力和吸收能力的提升与服务业和高技术产业的发展有着密切的联系。

三、社会能力、吸收能力和研发效率的相关关系

(一) 社会能力、吸收能力是决定研发效率的关键因素

落后国家想要实现技术赶超的目标,除了必须实现对其现有资源充分利用,还要借鉴发达国家的高新技术。但要借鉴发达国家的先进技术其本身必须具有一定的社会能力和吸收能力。在跨国投资活动中,若选择的投资国基础设施匮乏、技术发展程度低下、人力资本不高,跨国公司便只愿意转移部分低附加值、低技术的产业到这个国家,充分利用该国现有的低成本劳动力等其他优势。若选择的投资国是个高技术水平的国家,为了利用该国技术及人力资本上的优势,跨国公司会直接转移部分产品价值及技术要求较高的(比起

本国还是较低的)产业。因此,在跨国投资的活动中,东道国企业的素质与利用高新技术的能力是至关重要的,这将直接关系到跨国公司转移先进技术的可能性与比例。反言之,如果东道国企业的素质与利用高新技术的能力强,他们也有能力去与外来的跨国公司在本地市场进行竞争,再加上充分的外溢效应,有选择地吸取适合本国的先进技术,最终实现自我技术的升级。

同时,由于技术具有较强的自我积累性和路径依赖性,假设一国具备领先技术,必然会吸引很多后发国家对它进行学习,但后发国家对该国的学习成功与否是由其吸收能力的强弱决定的。若发展中国家吸收能力强,研发效率高,能更快地吸收外国的先进技术,并带来生产率和研发效率的增长与发达国家的技术差距逐渐缩小。若发展中国家吸收能力弱,这些国家吸收引进国外先进技术的欲望也不会强烈,即使引进来了,也会落入"引进—消化—落后"的怪圈,因此其研发效率提升起来就较慢,从而使得发展中国家和发达国家之间的研发效率差距始终不能呈现缩小的趋势。

(二) 研发效率也是决定社会能力和吸收能力的重要指标

虽然一国可以通过技术转移实现技术进步,但技术的转移还需要一系列的先决条件。即便技术完全相同,由于各国吸收能力不同,技术进步的程度也不可能完全相同。由于技术需要一定的社会能力和吸收能力,后发国家与发达国家研发效率差异越大,后发国家吸收发达国家先进技术的可能性就越小。因此,如果后发国家与发达国家的研发效率存在很大差异,后发国家也没有能力进行有效的研发活动,技术水平高的一方同样会选择把不需要太多技术支撑的产业流向另一方,以便利用当地除了技术之外的其他优势,这样长期以来,使得后发国家主要发展低技术的产业,高技术产业得不到发展,从而使得后发国家社会能力和吸收能力始终处于较低水平,因此,研发效率也是决定社会能力和吸收能力的重要指标。

总结而言,研发效率、社会能力、吸收能力之间是紧密相关的,社会能力、吸收能力又受到人力资本、研发活动水平等因素的影响,因此,对社会能力、吸收能力影响因素的分析将成为研究研发效率影响因素重要的理论来源。

第三节　技术能力理论

一、技术能力理论的主要内容

格申克龙和阿布拉莫维茨在研究技术赶超过程中主要关注欧洲和美国的证据。但从 20 世纪 70 年代起,在世界其他地区出现了一些有关赶超(或缺乏赶超)的研究。例如,目前有大量文献表明,不仅日本(Johnson,1982),也包括亚洲其他"新兴工业化国家"(Amsden,1989;Hobdoy,1995;Kim,1997;Kim 和Nelson,2000;Nelson 和 Pack,1999;Wade,1990)已经开始赶超发达国家。引起高度关注的一个案例是仅仅用了 30 年的时间,韩国就从世界上极其贫穷的国家转变成为世界科技强国。金(Kim,1980)使用了"技术能力"这一概念作为解释韩国赶超的分析工具,他将其定义为"有效地利用技术知识来吸收、使用、适应和改变现有技术的能力。它还指人们能够创造新技术并开发新产品、新流程的能力"。因此,这个概念不仅包括有组织的研发,这种研发在许多发展中国家是一项小规模的活动,还包括了将这些技术用于商业用途。该概念就比社会能力和吸收能力理论更进一步,它还强调了将技术运用在商业用途的能力。

金的分析是基于韩国的电子产业展开的,主要分析对象是三星公司,三星从一个需要进口技术的公司,逐步做相关技术上的积累和改进,最后升级为该行业的创新前沿公司(所谓的实施—同化—改进顺序)。在技术赶超过程中,对于一家公司或国家,适当水平的技术能力可以看成与经济增长一样重要的宏观调控目标(Bell 和 Pavitt,1993)。

一般而言,技术能力主要有三个方面的指标:生产能力、投资能力和创新能力。首先,需要具备生产能力,以有效运营生产设施并使生产适应不断变化的市场环境。其次,需要具备投资能力来建立新的生产设施并根据投资情况调整项目设计。最后,创新能力是创造新技术所必需的,例如,开发新产品或服务以更好地满足市场特定要求。

技术能力的概念产生之后被应用于各个水平的研究之中。最初这个概念主要关注于东亚地区的快速发展和经济赶超为什么没有发生在拉丁美洲(Fransman 和 King,1984;Katz,1984;Teitel,1981)、印度(Lall,1987)或前中央计划经济体制的部分国家(Hanson 和 Pavitt,1987)。类似的概念也在这一时间提出来,但是没有得到认可,其中包括"技术之谜"(Dahlman 和 Westphal,1981;Fransman,1982)和"技术努力度"(Dahlman 和 Westphal,1982)。

尽管最初技术能力这一概念主要用于分析企业层面上的研究,但该概念也已应用于整个行业或国家。桑加亚·拉尔(Sanjaya Lall,1992)在一项调查中强调了"国家技术能力",他指出了该概念运用在国家层面的三个主要内容:资源利用能力,指集合必要的资源并将他们合理利用的能力;技能,用教育程度和管理水平等衡量;以及"国家技术努力程度"用研发、专利和技术人员来衡量。他指出,国家技术能力不仅依赖于国内技术努力,还取决于通过机械设备进口或外国直接投资(FDI)获得的外国技术。拉尔还对适当的技术能力及其经济努力进行了分析。他指出,这些经济努力取决于经济主体所面临的经济动机是否来自政治决策(例如治理)或嵌入更持久的机构中(例如法律框架)。当然,这种推理与阿布拉莫维茨的推理非常相似。因此,技术能力和社会能力的概念之间可能存在相当大的重叠:两者都包括与技能形成和财务相关的方面。

20世纪70—80年代,许多"新兴工业化"国家的成功赶超也启发了人们对全球经济动力新观点的发展,这些观点将适当的技术能力的发展放在了首位。法格伯格(Fagerberg,1987、1988)提出了一种基于熊彼特理论的经验模型,其中包括创新、模仿以及开发新技术都是经济增长的驱动力。根据他的观点,赶超或收敛并不能保证赶超,赶超还取决于创新与模仿之间的平衡及各国是否具备必要的技术能力。韦斯帕根(1991)的研究将类似的想法运用到一个非线性的环境中,即允许赶超和"低增长陷阱",但"技术能力"低的贫穷国家则有被"陷入"的危险。法格伯格和韦斯帕根(2002)提出的观点表明,创新对发展的重要性随着时间的推移而增长,显示了技术能力对发展中国家决策者的紧迫性。

二、技术能力的影响因素

技术能力的影响因素总结如下。

(一) 要素禀赋结构

阿特金森和斯蒂格利茨(Atkinson 和 Stiglitz,1969)运用要素禀赋体系诠释技术能力的开创者。他们的观点是一区域内独有资源、地理环境等会对其经济发展产生限制作用,并通过"本地化干中学"(Localized Learning by Doing)这一概念诠释技术能力的适用性。1990 年后,较多学者热衷于从要素禀赋体系出发,诠释发达国家所拥有的自主创新技术为何不能被发展中国家应用。阿西莫格鲁和齐利波蒂(Acemoglu 和 Zilibotti,2001)发现,在劳动力的熟练程度上,发达国家与发展中国家之间的差异较大,因此得出发达国家的先进技术是与发达国家熟练劳动力相对应的,显然,发展中国家的非熟练劳动力并不具备这一技能,这便会导致发达国家和发展中国家总要素生产率和人均产出存在差异。卡塞利和科尔曼(Caselli 和 Coleman,2006)则在阿西莫格鲁和齐利波蒂(2001)研究的基础上,增加了劳动力的异质性这一要素,他们重新定义了技术进步的标准,增加了熟练与非熟练劳动力的单位效率的比重这一衡量标准,由此得出欠发达国家应该依照其拥有的要素禀赋来选择使用最为适宜的技术,从而提高其技术能力。

(二) 产业结构

在市场经济环境中,要素价格可以充分反映要素的稀缺程度,追求利润最大化的厂商可依据市场价格进行产品结构的选择和技术选择,这种自选择过程就形成了相应的与要素禀赋结构相一致的产业结构。如果要素结构要进行升级,也是以一国的产业结构和技术结构为基础。如果一国不考虑该国的要素禀赋和产业结构,任意对该国的产业结构进行歪曲,随意地选择使用并不适合该国产业结构的技术,必然导致损失,而政府则必须采取补偿措施,通常是对本国相关企业进行政策补贴(Policy Subsidy)。进一步,政府会采取一些政府行为去维持这些不合时宜的技术的发展,甚至在国际贸易、金融部门和劳动市场等方面加大扭曲措施的执行范围,例如直接将资源进行配置。显然,对产业结构的扭曲是不利于一国技术发展的,也是不利于技术进步的。因此,产业结构也是决定技术能力的关键因素。

(三) 技术体制

纳尔逊和威特(Nelson 和 Winter,1982)认为,技术机会、创新的利用能力、技术优势的累积、知识基础特性四个方面构成了技术体制。对于一国而言,是否拥有完备的技术体制至关重要,在创新时期,完备的技术体制能让该国抓住机遇,进而实现技术优势的积累,并且技术体制和产业重组、技术革新、组织重选息息相关,关系到一个国家是否能够自主进行技术创新与产业变革。总体来说,后发国家如果拥有完备的技术体制,其进行技术创新的机会更大。因此,技术体制也是一国技术能力的决定因素。

(四) 市场化程度

市场化程度是衡量一国市场化程度的重要指标,国家和地区的市场化程度越高,实现物质资本和研发资本有效配置的可能性越大。物质资本和研发资本能否有效利用和一国是否具有完备的市场机制密切相关。同时,市场化程度高,也可以实现人员的优化配置,通过人员特别是研发人员的有效配置来增强一国的吸收能力。相反,如果一国的市场化程度越低,通过市场来指导和优化人员配置就越难,其资源利用效率就越低,从而使得一国的技术能力越低。

(五) 产学研结合程度

从对技术能力的分析中可以看出,技术能力更加强调一国是否能够通过相应的技术的使用,将相应的技术市场化。产学研相结合是技术转化的重要手段,如果一国的技术研发和市场联系较为紧密,该国可以通过产学研的结合将相应的技术落实到市场之中,通过市场化的有效手段促进技术的有效使用,从而带来技术能力的提升。

除了上述因素以外,还有一些别的因素也会决定技术能力,如人力资本、受教育程度等,前文已经论述,在这里就不再赘述。

三、技术能力和研发效率的相关关系

(一) 技术能力是决定国与国之间研发效率的关键因素

通过我们对技术能力相关理论的论述中可以看出,它强调发展中国家可以通过提高一国的技术吸收能力和技术创新能力,利用外国的先进技术并将它商业化来实现技术的进步。由此,一国的研发效率也是决定了一国技术能力的关键因素,如果一国具备相应的技术能力,它同样也可以使得一些后发国家利用自身的资源禀赋,维持其比较优势,并充分利用其资源,提高其生产效率,因此,其研发效率的提升就很容易。但是,如果一国不具备相应的技术能力,将会使得一国的研发资源并不能得到合理的利用,其技术差距也不能很好地缩小,研发效率的提升也不会很快;只有一国具备相应的技术能力,才能使得研发效率得到有效提升。

(二) 研发效率的高低也反映了一国的技术能力

由于一国的研发效率与经济社会发展及技术基础等因素有着密切的联系。因此与技术结构、产业结构和要素禀赋结构一样,研发效率也会决定该国的技术能力,一国应该根据其研发效率的高低,选择内生于该国的合适技术,并进行市场化的开放,在一国研发效率较低和研发资源较为有限的情况下,技术能力的选择更加重要。因此,研发效率也决定着一国技术能力的选择。

总而言之,寻找到一个国家合理的技术能力,才能使得研发资源的利用更加合理有效,才能使得研发效率的提升得到有效实现,技术能力又和研发效率有着紧密的联系,因此,影响一国技术能力的因素也会影响一国的研发效率。

第四节 技术赶超理论

一、技术赶超理论主要内容

技术赶超理论在前文相关理论中已经有所提及。技术赶超是一个高度有争议的论题,部分学者认为技术赶超是一种普遍现象,但是大部分学者认为技术赶超并不是一个普遍现象。托斯坦·维布伦(Torstein Veblen)被认为是第一个提供技术赶超分析框架的人,他的研究主要是分析德国是如何赶超英国的,托斯坦·维布伦(1915)提出了新的技术改变了后发经济体的工业化条件。在早期,他认为,技术的扩散主要在人与人之间进行,所以技术工人的移民是技术扩散的一个先决条件。然而,在"机器技术"发明以后,这个逻辑发生了改变。与以前的情况相反,托斯坦·维布伦认为,这种新型的知识"可以绝对明确地持有、转移和传播,并且通过这样的转移和传播获取它不是费力或不确定的事情"。

　　对技术的这种论述,被新古典经济学家所采用。在这种思想下,知识被认为是信息的主体,可以免费提供给所有感兴趣的人,因此,能够被一次又一次地使用,而且可以反复使用(不会被耗尽)。如果按照这种观点,知识对所有人都有益,但这样就不能够解释各国的经济增长和发展的不同。需要说明的是,首先系统性地尝试使用知识来解释经济发展过程中的差异不是来自经济学自身的相关理论,而是来自经济历史学家(其中许多人开始以不同于当前经济学主流观点的方式来看待知识或技术)。另外,有的学者提出,与存在于公共领域和能够被所有人免费开发的知识不同,技术知识无论是通过学习还是有组织地研发,都是被深深植入在特定的企业中的,因此,也更加不容易被传播。与传统的新古典主义相比,这些理论都不支持技术赶超的可能性。特别是根据技术知识的观点,技术赶超并不会自动发生,而需要落后国家对诸如前面所讨论的技术能力、吸收能力和社会能力建设的努力。

　　经济史学家亚历山大·格申克龙(1962)为随后的许多文献奠定了基础。他指出,一些国家处于技术前沿,而许多国家则相对落后,前沿国家与落后国家之间的技术差距代表着对后来者的"一个巨大的承诺",即通过模仿技术前沿国家的技术实现高增长的潜力。

　　但也有可能存在阻止落后国家充分利用前沿国家潜在利益的各种问题。例如德国试图在一个世纪以前赶超英国。当英国进行工业革命时,技术是相对劳动密集型的技术,并且技术是小规模的;但是随着时间的流逝,其技术变得更加资本化和规模化,当德国试图进行技术赶超时,实现新技术的条件发生了很大变化。格申克龙认为,德国必须制定新的技术体质来克服这些挑战,尤其是克服金融部门的障碍,"建立工业国家"。他认为这些经验对其他技术落后的国家都是有效的。

　　格申克龙的关注点在投资银行,他认为投资银行对技术的赶超是有决定性作用的。然而,如同施恩(Shin,1996)所指出的,格申克龙的工作提供了一个更加容易理解的发生技术赶超的条件,即成功的赶超需要的能力是什么?

以及公共和私人部门在赶超中的作用是什么？施恩也强调这些赶超能力发生的历史偶然性。例如,制约19世纪德国赶超英国的因素不一定与日本或其他亚洲国家在第二次世界大战后初期所经历的相同。

摩西·阿布拉莫维茨与格申克龙的观点相似,同样强调后来者赶超的潜在可能性。他强调技术一致性在赶超中的作用,技术一致性说明了技术领先和落后国家在不同领域如市场规模、要素供应等的一致性。例如,在19世纪末出现在美国的技术体制高度依赖于获取到一个大型且同质的市场,但当时在欧洲几乎不存在这种情况,这可能有助于解释技术在欧洲的缓慢扩散。技术一致性这个概念后来发展成了适宜技术理论。适宜技术理论诠释了发达国家所拥有的自主创新技术为何不能被发展中国家所用。适宜技术指的是在某国独有的环境内适用于该国并能促进该国经济发展的技术。自主创新、技术引进和技术模仿等均是适宜技术的来源。

因此,技术赶超理论对理解技术的演进有着重要的作用,同时也是研发效率理论的一个重要补充。

二、技术赶超的影响因素

后发优势理论是技术赶超理论的前提条件,它强调,后发国家与领先国家存在技术差异,后发国家可以利用这种技术差异,通过多种渠道(国际技术转移等)实现赶超。技术赶超又以后发国家比领先国家有着更快的技术吸收速度和更高的研发效率为前提。技术赶超是由什么原因导致的呢？总结而言,有下列几个因素。

(一) 机会窗口

机会窗口是指在追求技术赶超时,后发国家能否留住发明全新技术的机遇,完成技术的更新,完成技术赶超的目标,许多学者认为技术赶超的先决条件就是机会窗口。李和派克(Lee 和 Park,2010)给出了出现机会窗口的三种情况:第一种情况是出现了一个全新的技术经济范式,让追赶者有机会与领先者处于同一起跑线;第二种情况是出现了全新的商业周期,经历衰退期后,由于领先者陷入了一个艰难的时段,此时追赶者的进入成本就降低了;第三种情况指的是政府管制,政府制定相关政策时,会对领先者和追赶者有着并不公平的对待,因此,技术赶超在此情况下是有可能实现的。从以上论述中可以得出,这三种情况的机会窗口是实现技术赶超的关键因素,同时,后发国家在技术赶超过程中,产品生命周期的特征也为后发国家提供了机会窗口,依据技术生命周期特性以及相关理论,技术跨越机会窗口最优时段是在初始引进期(即技术生命周期中的导入期)和成熟期,但这两个时期的成本估计是完全不同的:引进期引进产品基本上不需要太多的资本和经验,而只是需要技术知识和地理条件等;成熟期进入依赖于一国的比较优势,因为部分技术的垄断,需要大量的资本来购买发达国家的设备。选择在不同的时期进入,最后的追赶结果也可能会有很大差异,一般认为,初始引进期进入可能风险较大。

(二) 人力资本

人力资本理论认为,人力资本是与自然资源和物质资本同等重要的隶属于社会财富的范畴。一个国家要获得技术创新能力的领导地位,仅仅依靠鼓励创新的政策和必要的社会制度结构是不够的,还需要不断增加在技术创新上的资金和人力资本投入。一个国家人力资本水平的高低与吸收能力的强弱息息相关。同时人力资本水平也决定了引进技术的消化吸收程度,人力资本水平越高,吸收先进技术所花费的成本就越低。人力资本水平越高,和技术先进国家的技术联系度也就越高,这就大大增加了技术赶超的可能性。

(三) 制度

制度可以分为正式制度和非正式制度,正式制度是以一种特殊的方式被明确下来,为了保证其实施,通常经由行为人所在的组织执行监督和使用强制手段使其延续下去,例如各种法律、法规、政策、规章、契约等。对人的行为举止进行不成文的约束是非正式制度,它是与正式制度相对的,包含意识形态、风俗习惯、道德观念、伦理规范和价值信念等。正式制度和非正式制度都会对技术赶超产生重要影响。制度为国家造就了稳定的政治环境和完备的法律体系,这些都是吸引外来投资的有利条件,此外,国内和国际间的知识流动也由此发生(通常发生在私人部门和公共部门之间)。由于研发充满着不确定,一国是否拥有完备的制度体系,是取得所有研发收益的重要条件,企业家精神往往会存在于拥有完备制度体系的国家中。如果后发国家拥有完备的制度,将有利于提高后发国家的技术水平与能力,规避技术赶超过程中所可能带来的危机。国家创新体系着重强调了制度是不可或缺的,完整的国家创新体系应该建立起知识生产、传播和应用的有效机制。一些国家已经成功达到了技术赶超的目标,通过对实现技术赶超的国家分析,会发现这些国家均建立了一个对创新、吸收先进技术的激励环境,尽管各国之间政治经济体制是不同的。

(四) 政府的作用

国家政治制度对赶超有着重要影响,值得注意的是,制度是由政府起草和安排的,只有当一个国家拥有与当时的最佳技术机会相适应的制度安排时,才能抓住这个技术机会,在该技术领域实现专业化发展。马修斯(Mathews,2007)在他的研究中提到,在后发国家实现技术赶超的过程中,政府发挥了至关重要的作用,政府可以制定与安排有利于缩小企业与领先国家差距的政策,同时也需要辅助促进行业战略联盟以及产学研合作。

三、技术赶超和研发效率的关系

(一) 研发效率是实现技术赶超的前提

技术赶超理论强调后发国家可以通过利用先进国家的技术实现技术赶

超,但是为什么后发国家有着可以利用先进国家技术、有着比发达国家更低的实现技术进步的成本呢? 这一点在技术赶超理论中一直以来有着一个隐含条件,便是后发国家和发达国家之间存在研发效率的差异,由于研发效率的差异,后发国家利用知识实现技术创新的能力有可能比发达国家更快,在资源有限的情况下通过研发效率的提高带来技术的更快进步,带来技术差距的缩小,只有国与国之间的技术差距缩小了,才有可能实现技术赶超。因此研发效率是实现技术赶超的前提。

(二) 核心领域的技术赶超并不能仅依赖研发效率的提升

我们也看到,虽然有着更高的研发效率,也并不一定意味着后发国家就可以在关键技术上实现领先和突破。比如,后发国家只是在一些技术含量较低的区域,与领先国家实现差距的缩小;但是在一些高技术领域,差距却在扩大。因为即便后发国家存在更高的研发效率实现技术赶超,但是由于发达国家的技术垄断和知识产权保护等一系列手段,在核心领域,其也不一定能实现技术赶超。纵观历史,美国成功对英国实现技术赶超,日本在此方面已经超越了一些发达国家。而中国的发展,通过前文的理论及实证研究,即使在部分行业已经位居世界前沿,但许多行业仍与发达国家有一定的差距,也就是说中国目前并没有实现对发达国家的研发效率的全面赶超,在很多区域,尤其是在核心技术区域,中国的研发效率的提高空间很大。核心领域的技术赶超并不能仅依赖研发效率的提升。

从以上的分析可以看出,技术赶超理论和研发效率理论密切相关,不同之处在于,技术赶超理论习惯于从微观企业的视角对某国技术赶超可能性进行评估;研发效率理论既可以从微观企业视角分析研发上的差异,也可以从宏观视角分析国与国之间的研发效率差异。通过以上两个理论,不难看出影响一国技术赶超的因素也会影响一国研发效率。

第五节　相关影响因素总结

从以上的分析中可以看出,虽然没有关于研发效率的系统的理论体系,但从各种理论可以看出,研发效率和知识扩散理论、社会能力和吸收能力理论、技术能力理论、技术赶超理论等理论有着相当密切的联系,从这些理论中可以提炼出影响国与国之间研发效率的主要因素。

第一章所提出的内生经济增长理论强调通过干中学、技术突变、国际知识溢出等渠道会带来生产率的提升,而知识溢出理论又可通过 FDI、国际贸易、知识的跨国流动实现,国际知识溢出又是决定研发效率的关键因素。社会能力和吸收能力理论认为研发活动、人力资本、对外开放程度、制度、互联网发展、服务业和高技术产业发展等变量是决定吸收能力的关键变量;吸收能力也是决定一国研发效率的关键因素。技术赶超理论认为机会窗口、人力资本、制度、政府的作用是决定一国能否实现技术赶超的关键因素,而机会窗口和发展门槛又和一国的劳动力技术水平和基础设施水平有关系,技术赶超又以研发效率存在差异为前提。技术能力理论认为一国需具备相应技术能力才能实现技术赶超,而技术能力又和要素禀赋结构、产业结构、技术体制、产学研结合和市场化程度等密切相关,一国研发效率又和该国的技术能力有着很大的关系。总体来看,影响研发效率的主要因素有研发活动、国际贸易、人力资本、语言距离、高技术产业及服务业发展等。

第一,研发投入对研发效率的影响。研发投入具有两面性,一方面它能带来技术溢出效应,另一方面它又是促进技术升级的关键活动因素,因此研发活动自身的投入水平及其占比对研发效率有着重要的影响。第二,国际贸易对研发效率的影响。技术能力理论、社会能力和吸收能力理论、技术赶超理论都认为国际贸易是促进技术进步、技术升级的关键因素,而技术进步和技术升级又和研发效率高度相关,因此国际贸易是影响研发效率的关键因素。第三,人力资本对研发效率的影响。无论是社会能力和吸收能力理论还是技术赶超理论都认为人力资本是生产率和研发效率提升的关键因素，人力资本和吸收能力有着高度的联系，吸收能力又决定了一国的研发效率发展状况，虽然目前对吸收能力和研发效率的联系的研究较少，但是从纳尔逊和菲尔普斯（Nelson和Phelps，1966）的研究可以看出，一个国家引进和使用新技术的能力来自国内的人力资本存量，人力资本越高，技术进步速度就越快。其暗含的假设就是人力资本越高的国家更容易利用其研发资源进行技术创新。第四，语言距离对研发效率的影响。社会能力和吸收能力理论、技术赶超理论和技术能力理论都认为制度是影响研发效率的关键因素，而作为非正式制度的语言，其语言距离显然也会影响一国的研发效率，该国语言与英语的相似程度是影响一国研发效率的关键因素。第五，高技术产业和服务业发展对研发效率的影响。社会能力和吸收能力理论强调高技术产业和服务业发展也是一国研发实力的具体体现，技术能力理论强调技术能力内生于一国的产业结构。因此，高技术产业及服务业发展对一国的研发效率也会产生重要的影响。

在接下来的章节中，我们将利用搜集的研发效率国家层面和行业层面的面板数据进行实证检验，在此基础上进一步验证上述因素是否影响了研发效率。

第八章　国家层面研发效率
影响因素实证分析

从第七章的研究中可以看出,研发效率的影响因素理论体系并未完全成熟,也没有系统性地论述研发效率影响因素的理论框架。国内外有少量学者对研发效率的影响因素进行了实证研究,其中大部分学者都围绕着国家层面的数据进行实证研究,论证了诸如经济自由度、电脑普及率和政府研发支出比例,大学入学率,该国是否以英语为官方语言,政府研发补贴,社会网络,产品市场管制等因素对研发效率的影响。虽然从理论上我们可以得到研发效率有着诸如研发支出比例、人力资本等影响因素,但其是否能应用在我们的样本中? 即便这些因素对研发效率有影响,影响有多大呢? 关于这些问题,仅有少量的研究进行了回答。本章和下一章将利用我们所构造的国家层面和行业层面的面板数据进行实证检验,以便查明这些因素对研发效率究竟有无影响,如果有,影响有多大;如果没有影响,又是什么原因所造成的。

第一节　模型的构建

一、知识生产函数

根据第二章的研究可以看出,研发效率的测度与比较框架基本是按照格里利克斯(1979)、帕克和格里利克斯(Park 和 Griliches,1980)所构建的知识生产函数模型展开的,知识生产函数模型可表示为:

$$Y=f(R,L) \tag{8-1}$$

式(8-1)中,R 为研发资本投入变量,L 为研发人员投入变量,Y 为研发的产出。

但是与现有研究研发效率比较文章(官建成和左凯瑞,2014;埃里克·王,2007;埃里克·王和黄维乔,2007)不同的是,大多数学者只在封闭条件下考虑知识生产函数模型,那么便只有本国的研发资本投入会对研发效率造成影响。然而,当我们把模型扩展到开放经济条件下,按照科和赫尔普曼(1995);科等(2009);洛佩斯·普约等(López-Pueyo 等,2008);利希滕贝格和波特尔斯伯格(Lichtenberg 和 Pottelsberghe,1998)的研究就会发现,一国的研发资本存量不仅取决于本国研发投入,还取决于外国的研发投入。由此,我们可以得到:

$$R = (R_{it}^{d})^{\alpha_1} (R_{it}^{f})^{\alpha_2} \tag{8-2}$$

式(8-2)中,R^d 代表本国的研发资本存量,R^f 代表外国相同行业的研发资本存量,i 代表国家,t 代表年份,α_1、α_2 分别代表相应的系数。采用一般的柯布—道格拉斯生产函数形式,可将知识生产函数模型表示为[①]:

$$\ln Y_{it} = \alpha_0 + \alpha_1 \ln R_{it}^{d} + \alpha_2 \ln R_{it}^{f} + \alpha_3 \ln L_{it} \tag{8-3}$$

前沿(边界)生产模型是衡量技术效率水平的标准和基础。确定性前沿生产模型因为没有考虑生产中可能出现的随机冲击而在理论上存在缺陷,技术效率的估计有偏误。而随机前沿生产模型因考虑随机冲击对最优产出的影响,受到学术界肯定而被广泛采用。

二、前沿生产函数

根据昆巴卡和洛弗尔(2000)的总结,包含了知识生产函数的随机前沿生

---

① 之所以不采用超越对数生产函数,一方面是因为本书考虑的变量较多,另一方面是因为超越对数生产函数不便于明确国外研发投入对产出的影响。

产函数模型的一般形式为:

$$\ln Y_{it} = \alpha_0 + \alpha_1 \ln R_{it}^d + \alpha_2 \ln R_{it}^f + \alpha_3 \ln L_{it} + v_{it} - u_{it} \qquad (8\text{-}4)$$

式(8-4)中,Y_{it} 代表行业 i 在 t 年份的技术产出,L_{it} 代表行业 i 在 t 年份的人员投入,投入误差项 v_{it}、u_{it} 为复合结构,第一部分,v_{it} 服从独立同分布的 $N(0,\sigma_V^2)$ 的正态分布,代表随机扰动的冲击影响。第二部分,u_{it} 为技术非效率项,代表个体冲击的影响。

根据技术非效率项的不同设定,随机前沿生产函数可以分为随时间可变的模型和随时间不变的模型两种形式,巴蒂斯和科埃利(1992)曾提出一个随时间可变的模型,他们假定技术非效率项服从非负截断的正态分布,即:

$$u_i \sim \mathrm{iid}N^+(\mu,\sigma_u^2) \qquad (8\text{-}5)$$

根据式(8-5),可将技术非效率项表示为如下形式:

$$u_{it} = u_i \exp[-\eta(t-T)] \qquad (8\text{-}6)$$

式(8-6)中,参数 η 代表随时间因素对技术非效率项 u_{it} 的影响,$\eta>0$、$\eta=0$、$\eta<0$ 分别表示表示随时间技术效率是改进、不变和减少,且 v_{it} 和 u_{it} 相互独立。

估计参数 σ_V^2 和 σ_U^2 可通过巴蒂斯和科埃利的估计方法,即 $\sigma^2 = \sigma_V^2 + \sigma_U^2$ 和 $\gamma = \dfrac{\sigma_U^2}{\sigma_V^2 + \sigma_U^2}$ 求得。

但式(8-6)并没有考虑到外部环境因素对技术效率的影响。为了解决这一问题,巴蒂斯和科埃利(1995)在巴蒂斯和科埃利(1992)的基础上进一步引入了技术非效率函数,他们假定技术非效率函数服从期望为 m_{it} 的非负截断的正态分布,且技术非效率项是一些外部环境因素的函数,即:

$$u_{it} \sim N^+(m_{it},\sigma_u^2) \qquad (8\text{-}7)$$

$$m_{it} = \delta_0 + \delta_1 \ln IT + \delta_2 \ln HK + \delta_3 \ln SRV + \delta_4 \ln Hightec + \delta_5 \ln GERD +$$
$$\delta_6 \ln GOVRD + \delta_7 \ln Distance + \delta_8 G7 + \omega_{it} \qquad (8\text{-}8)$$

式(8-8)中,IT、HK、SRV、$Higtec$、$GERD$、$GOVRD$、$Distance$、$G7$ 分别代表影响技术非效率的环境因素互联网发展状况、人力资本、服务业发展状况、高技术产业发展状况、研发支出强度、研发支出结构、语言距离、国家实力等可能影响研发效率的因素；δ_0 为常数项；δ 为影响因素的系数向量；若 δ 系数为负，说明其对技术效率有正的影响，反之，则有负的影响；ω_{it} 为随机误差项。式（8-8）中前沿面模型的无效率效应就具有随环境变量 z_{it} 变化的特性，因此 ω_{it} 不再是同分布的。

第二节　变量选取和数据来源

一、变量选取

（一）投入变量的选取

研发活动主要的投入可划分为人员投入和资本投入两方面。投入变量主要也可分为研发资本投入和人员投入。但研发资本投入在本章中又分为本国研发资本存量（R^d）和外国研发资本存量（R^f），本国研发资本存量（R^d）的测算在第三章中有详细说明，这里不再重复。本国研发人员投入（L）有两种，一种是研发人员全时当量（L_1），另外一种是技术人员全时当量（L_2），这两种变量在第三章也进行了测算，这里也不再重复。本章主要说明外国研发资本存量（R^f）的测算与构造方法。关于外国研发资本存量的测算方法，开创性的研究由科和赫尔普曼（1995）展开，他们采用式（8-9）测算外国研发资本存量：

$$R_i^{fCH} = \sum_{j \neq i} \frac{M_{ij}}{\sum\limits_{j \neq i} M_{ij}} R_j^d \qquad (8-9)$$

式（8-9）中，R_i^{fCH} 为按科和赫尔普曼计算的 i 国外国研发资本存量，M_{ij} 为本国 i 从国家 j 进口的商品量，R_j^d 是国家 j 的研发资本存量。随后利希滕贝格和波特尔斯伯格对科和赫尔普曼的方法进行了改进，采用式（8-10）测算外国相同行业研发资本存量：

$$R_i^{fLP} = \sum_{j \neq i} \frac{M_{ij}}{Y_j} R_j^d \qquad (8-10)$$

式(8-10)中,R_i^{flP} 为按利希滕贝格和波特尔斯伯格计算的 i 国外国研发资本存量,Y_j 为国家 j 的 GDP,其他变量定义如前所述。我们这里直接采用改进后的式(8-10)测算外国相同行业的研发资本存量。

(二) 产出变量的选取

产出变量的选取根据第三章所示,主要有专利产出(PAT)和科技论文两种。专利产出变量的选取如第三章所示。专利统计从 OECD 专利统计数据库中可以找到本国专利数(DPAT)、国际专利数(PCTPAT)、三方专利数(TPAT)、美国专利数(USPAT)等各种专利数据。从数量上来看,一般而言,本国专利申请远大于国际专利申请和三方专利申请,三方专利申请最少。虽然三方专利能很好地衡量各国的科技实力,但是三方专利这一指标对于很多国家而言并不适用,很多国家每年申请的三方专利数都寥寥无几,甚至世界上大多数不发达国家很多年份申请的三方专利数为零。所以我们在选取产出指标时剔除了三方专利这一指标。科技论文数(PAP)主要来源于美国科学和工程指标数据库中搜集整理得到的科技论文数,该数据从 Scopus 数据库统计的各国论文、书籍和会议出版物数量得到,主要包含 SCI 索引及 SSCI 索引中收录的各国发表论文情况。另外,由于产业发展这一变量存在某些年份数据缺失的问题,所以在影响因素分析这一部分并未考虑。

(三) 影响因素变量的选择

根据第七章的理论研究,我们选取的影响因素变量如下。

1.互联网发展(IT)。用互联网使用率来表示。互特网使用率用每 100 人中在过去 12 个月中使用网络的比例来表示。① 对于一国而言,使用互特网的比例越大,获取国内外先进信息和知识就越容易,研发效率就有可能越高。该

---

① 随着科技的发展,网络使用并不一定只是通过电脑实现,还可以通过移动电话、数字电视、游戏设备等实现。

指标直接来源于世界银行世界发展指标(WDI)数据库。

2.人力资本(*HK*)。当前通常用员工平均受教育年限来表示(Barro 和 Lee,2013)人力资本,但是,我们认为平均受教育年限并不能准确反映研发活动的效率,这是因为大多数教育程度较低的人员并不直接从事研发活动。所以,本书使用高等教育入学率来反映各国的人力资本。

3.服务业发展(*SRV*)。用服务业增加值占 GDP 比重来表示。服务业占比主要反映一国的产业结构高端化程度。但服务业的发展究竟对研发效率会造成什么影响还有待考察。如果一国服务业以信息技术行业的发展为代表,则该国的服务业可能会提高一国的研发效率;但是如果一国服务业以金融、保险等并不直接从事研发活动的行业为代表,则该国服务业发展并不一定会提高研发效率。因此,服务业占比对研发效率的影响有待考察。

4.高技术产业发展(*Hightec*)。用高技术产业出口占 GDP 比重来表示。高技术产业发展代表一国的研发实力,高技术产业发展越好,代表该国在先进技术上的研发能力越强,通过高技术产业的发展可以带动相关行业的发展,这一指标可能会对研发效率有正向的促进作用。

5.研发支出强度(*GERD*)。用研发支出占 GDP 比重来表示。该指标直接来源于世界银行世界发展指标数据库。研发支出占 GDP 的比重反映了研发支出的投入强度,反映了一国对研发支出的重视程度,如果政府和企业愿意用更多的资金来支持研发活动,代表对研发活动的重视程度就越强,这一指标越高,就代表研发效率越高。

6.研发支出结构(*GOVRD*)。用研发支出中政府资金的比重来表示。反映了研发支出结构,该变量衡量了一个国家的研发支出中有多少资金来源于政府资金,如果该变量对研发效率有正的影响,代表政府资金比企业资金在研发产出上更有效率,反之则相反。

7.语言距离(*Distance*)。根据威斯特和格雷厄姆(West 和 Graham,2004)的文章整理得到。语言距离衡量的是一国学习英语的难易程度,由于英语是世界上主要的语言,知识和技术在互联网上的转移也主要通过英语来实现,一般而言倾向于认为如果一个国家学习英语越容易,吸收新知识的能力就越强,研发效率就越高。

8.国家实力(G7)。用是否为 G7 国家来表示。从世界范围来看,G7 国家的研发经费支出占比超过了 90%,所以我们控制了国家是否为 G7 国家这一变量。

表 8-1 为我们构造的研发效率影响因素的指标体系及其定义。

表 8-1 研发效率影响因素指标体系构造及其定义

变量	符号	定义
产出变量	$DPAT$	本国专利数
	$USPAT$	美国专利数
	$PCTPAT$	国际专利数
	PAP	科技论文数
投入变量	R^d	本国研发资本存量,用永续盘存法核算
	R^f	外国研发资本存量,用 L-P 方法核算
	L_1	研发人员全时当量
	L_2	技术人员全时当量
环境变量	IT	互联网发展,用互特网使用率来表示
	HK	人力资本,用高等教育入学率来表示
	SRV	服务业发展,用服务业增加值占 GDP 比重来表示
	$Hightec$	高技术产业发展,用高技术产业出口占 GDP 比重来表示
	$GERD$	研发支出强度,用研发支出占 GDP 比重来表示
	$GOVRD$	研发支出结构,用研发支出中政府资金的比重来表示
	$Distance$	语言距离
	$G7$	国家实力,用是否为 G7 国家来表示

二、数据来源

数据主要来源渠道和第三章类似,本书使用1996—2016年世界主要国家(地区)国家层面的数据来研究研发效率及其影响因素,去掉一些数据缺失严重的国家和研发支出几乎可以忽略不计的国家,一共可获得44个国家的数据①,这些数据主要来源于OECD科学、技术和专利统计数据库,世界银行世界发展指标数据库和联合国教育、科学及文化组织科学、技术和创新数据库,美国科学和工程指标数据库。

其中研发支出数据来源于联合国教育、科学及文化组织数据库,汇率和购买力平价数据来源于OECD汇率和购买力平价数据库,人员投入最直接的是使用研发人员投入来衡量,在世界银行世界发展指标数据库和联合国教育、科学及文化组织数据库中可以找到相关指标,科技论文数来源于美国科学和工程指标数据库中的统计数据。互特网使用率、贸易开放度、服务业占比、研发支出比例均来源于世界银行世界发展指标数据库,高等教育入学率来源于联合国教育、科学及文化组织数据库,高技术产业占比来源于美国科学和工程指标数据库。

此外,对于缺失数据,我们采用插值法处理。

表8-2为各变量的描述性统计。

表8-2　各变量的描述性统计

变量	单位	均值	标准误	最小值	最大值
DPAT	件	32778.40	105665.00	37.37	1257664.00
USPAT	件	4531.01	16566.44	0.17	130189.60

---

① 这44个国家为阿根廷、澳大利亚、奥地利、比利时、巴西、保加利亚、加拿大、中国、哥伦比亚、克罗地亚、捷克、丹麦、芬兰、法国、德国、希腊、匈牙利、冰岛、印度、爱尔兰、意大利、哈斯克斯坦、立陶宛、日本、卢森堡、墨西哥、荷兰、新西兰、挪威、波兰、葡萄牙、韩国、罗马尼亚、俄罗斯、新加坡、斯洛伐克、斯洛文尼亚、南非、西班牙、瑞典、土耳其、乌克兰、英国、美国。

续表

变量	单位	均值	标准误	最小值	最大值
PCTPAT	件	3143.83	8409.43	1.25	58945.13
PAP	篇	31158.38	65137.32	17.90	440229.70
R^d	美元	125013965.26	324689878.58	589548.75	2501391616.00
R^f	美元	18956585.11	27614338.25	207905.73	207004752.00
L_1	人	182869.90	385708.70	2034.10	3878057.00
L_2	人	130563.70	258088.10	1271.316	1692176.00
IT	%	45.04	30.84	0.01	100.07
HK	%	56.59	22.73	4.92	131.54
SRV	%	65.83	8.33	33.57	89.25
Hightec	%	0.27	3.64	0	94.80
GERD	%	1.46	0.89	0.13	4.29
GOVRD	%	38.97	16.02	0.54	97.51
Distance	无量纲	2.06	1.66	0	6.00

第三节 模型估计结果分析

对于随机前沿模型而言,只能估计产出变量为一种的情形。但研发产出主要包括专利和科技论文两种,而专利又以国际专利、本国专利、美国专利三种专利最具有代表性,本书分别估计四种产出下的研发效率。

首先由于变量的多重共线性会影响回归结果稳健性,我们先对变量进行方差膨胀因子(Variance Inflation Factors,VIF)检验,其结果如表8-3所示。

表8-3 各回归变量之间的多重共线性检验

变量	R^d	R^f	L_1	L_2	*IT*	*HK*	*SRV*	*Hightec*	*GERD*	*GOVRD*	*Distance*	均值
VIF 值1	25.32	8.30	15.50	—	2.67	2.02	2.26	2.02	4.04	1.67	1.33	6.07
VIF 值2	21.86	9.07	—	13.84	2.64	2.11	2.29	1.90	3.63	1.43	1.33	5.65

经过方差膨胀因子检验可以看出,各解释变量之间的 VIF 均值分别为5.65 和 6.07,均小于 10。因此,回归结果表明不存在显著的多重共线性,代表回归结果可以排除多重共线性的影响。

一、产出变量为科技论文数估计结果

运用 Frontier 4.1 软件估计研发产出为科技论文数的模型,回归结果如表8-4 所示。

表 8-4 的第(1)列为运用巴蒂斯和科埃利(1992)模型,即不考虑技术非效率项,且假定研发效率不随时间改变的估计结果,第(2)列—第(9)列为运用巴蒂斯和科埃利(1995)模型,即加入了技术非效率项,考虑技术非效率影响因素的回归结果。比较各列的回归结果,可以发现,回归结果基本上是稳健的,且通过假设检验后可以发现,LR 检验值和对数似然值都非常大,显著地拒绝了 $\sigma_U^2 = 0$ 的假设,表明模型设定的合理性。无论采用何种模型,σ^2 和 γ 均通过了显著性水平为 5% 的临界值检验,表明技术非效率在各个国家间是显著的,且 γ 值达到了 0.665—0.991,表明大部分复合误差中的偏差是由技术无效率部分造成的,从而证明本节运用随机前沿生产函数模型是合理的。另外从考虑到影响因素的知识生产函数回归结果中可以看出,本国研发资本投入、本国研发人员投入和外国研发资本投入系数之和在 1.011—1.049 区间内,证明规模报酬是边际递增的,也证明了本书回归结果是稳健的、可以信服的。

从表 8-4 的知识生产函数回归结果中可以得到如下结论。

第一,本国的研发资本投入显著地促进了以科技论文数为代表的研发效率。这一结论具有重要的现实意义,充分说明要提高研发效率、扩大研发产出,就要不断地加大本国的研发资本投入,通过研发资本投入实现以科技论文数为代表的研发产出的有效增长。

第二,本国的研发人员投入显著地促进了以科技论文数为代表的研发效

表8-4 产出变量为科技论文数回归结果

被解释变量	(1)	(2)	(3)	(4)	(5)	(6)	(7)	(8)	(9)
知识生产函数									
常数项	-13.808***	-3.238***	-4.253***	-3.737***	-3.732***	-3.641***	-4.264***	-4.271***	-4.403***
	(-28.888)	(-12.174)	(-19.070)	(-14.678)	(-14.944)	(-15.090)	(-17.736)	(-15.532)	(-17.015)
R^d	0.480***	0.109***	0.174***	0.093**	0.135***	0.085**	0.174***	0.116***	0.180***
	(7.318)	(3.351)	(5.990)	(2.392)	(4.132)	(2.535)	(5.474)	(3.450)	(5.352)
L_1	0.473***	0.544***	0.398***	0.516***	0.457***	0.484***	0.174***	0.468***	0.378***
	(8.208)	(16.421)	(20.093)	(14.864)	(14.135)	(14.520)	(12.537)	(14.483)	(11.330)
R^f	0.735***	0.328***	0.418***	0.395***	0.389***	0.418***	0.426***	0.434***	0.434***
	(19.563)	(11.270)	(14.269)	(10.456)	(13.311)	(14.831)	(15.094)	(14.884)	(14.125)
技术非效率函数									
常数项	—	0.585**	7.618***	41.977***	5.951***	-3.898***	-1.212*	-7.645***	-11.978***
	—	(1.688)	(6.616)	(3.668)	(4.043)	(-4.035)	(-1.813)	(-4.727)	(-4.704)
IT	—	-0.711***	—	—	—	—	—	—	-0.529***
	—	(-5.456)	—	—	—	—	—	—	(-8.317)
HK	—	—	-3.331***	—	—	—	—	—	-0.284**
	—	—	(-4.59)	—	—	—	—	—	(-2.545)
SRV	—	—	—	-11.540***	—	—	—	—	4.015***
	—	—	—	(-3.658)	—	—	—	—	(6.062)

续表

被解释变量	(1)	(2)	(3)	(4)	(5)	(6)	(7)	(8)	(9)
Hightec	—	—	—	—	-0.513***	—	—	—	0.310***
	—	—	—	—	(-4.241)	—	—	—	(6.393)
GERD	—	—	—	—	—	-2.121***	—	—	-0.565***
	—	—	—	—	—	(-5.638)	—	—	(-4.157)
GOVRD	—	—	—	—	—	—	-1.324***	—	-0.504***
	—	—	—	—	—	—	(-5.494)	—	(-5.789)
Distance	—	—	—	—	—	—	—	0.937***	0.198***
	—	—	—	—	—	—	—	(5.595)	(4.727)
G7	-2.363**	-2.711**	-6.367***	-7.151***	-7.986***	-6.466***	-9.573***	-7.377***	-1.280***
	(-12.081)	(-2.368)	(-3.039)	(-2.581)	(-3.770)	(-3.766)	(-4.316)	(-4.183)	(-2.834)
σ^2	3.489***	1.293***	2.927***	3.789***	3.620***	2.569***	3.852***	3.414***	0.655***
	(4.426)	(3.974)	(4.065)	(3.743)	(5.050)	(5.492)	(5.546)	(5.757)	(7.206)
γ	0.978***	0.945***	0.973***	0.980***	0.979***	0.967***	0.981***	0.978***	0.888***
	(184.818)	(64.726)	(131.810)	(377.559)	(216.039)	(112.401)	(283.011)	(257.670)	(43.362)
对数似然值	-231.397	-514.501	-622.554	-674.992	-672.186	-656.121	-675.211	-669.151	-522.328
LR检验值	978.080	433.940	387.643	282.766	288.378	320.508	282.327	294.447	588.093
观测值	924	924	924	924	924	924	924	924	924

注：参数估计值下面括号中的数字表示 *t* 检验值。*、**、*** 分别代表参数估计值在10%、5%、1%的置信水平上显著。

率。这一结论也比较符合我们的预期,大多数研究都得出过类似的结论。研发人员投入是必不可少的投入要素,研发人员投入越多,就越容易实现研发产出的边际规模报酬递增效应,实现规模经济,从而带来研发产出的显著增加。

第三,外国研发资本投入显著地促进了以科技论文数为代表的研发效率,且其产出弹性显著大于本国研发资本投入和本国研发人员投入。主要原因是论文产出必须依赖于前期知识的积累,特别是 SCI 和 SSCI 论文的发表要依赖于国外的知识储备,并且需要更多的协同合作,越是对外开放程度高的国家,其论文合作和交流就越便利,就越容易获取国外先进知识,因此对论文产出具有显著的正向影响。而且从系数上来看,国外研发投入的产出弹性要显著大于国内研发投入的产出弹性,这表明,对于高科技论文来说,国外的研发投入作用更明显,这也比较符合我们的预期,对于大多数发展中国家来说,只有吸收更多的国外的知识和技术,才能生产出更多的以 SCI 和 SSCI 论文为代表的研发产出。

从表 8-4 的技术非效率函数分析结果中,我们可以看出:

第一,互联网发展显著地提高了以科技论文数为代表的研发效率。这一点与我们的预期相一致,很多学者如卡福罗斯(Kafouros,2006)都得出过类似的结论。互联网发展反映了各国在研发活动中接受新知识和新技术的便利性,互联网发展越高,代表该国研发人员通过互联网接受新技术和新知识就越多,也从一定程度上表明该国为科研人员创造的基础条件越好,其研发效率就越高。

第二,高等教育入学率的增长显著地提高了以科技论文数为代表的研发效率。这一点也符合我们的预期,高等教育入学率反映了各国研发人员的素质,是一国人力资本的体现,高等教育入学率越高,代表该国研发人员中具备高知识、高技能的人员比例越高,从而代表该国的研发人员从事研发活动具备较大的优势,因此,高等教育入学率会显著提高一国的研发效率。

第三,高技术产业发展显著地抑制了以科技论文数为代表的研发效率。这一结论与我们预期不太一致,这主要是由于科技论文的发表主体还是高校和科研院所等机构,这些论文的发表与该国的科技领域并无太大的必然联系,也不一定集中于高科技领域,比如很多科技论文的生产主要集中在人文社科等方面,并无具体领域。

第四,研发支出比例显著地提高了以科技论文数为代表的研发效率。这一点表明政府的研发支出对研发效率有显著正向促进作用,政府研发支出比例越高,代表该国对研发活动的重视程度就越强,通过研发活动带来的规模经济效应就越明显,从而其研发效率就越高。

第五,研发支出中政府资金比重显著地提高了以科技论文数为代表的研发效率。这一点主要还是由于科技论文发表主体是高校和科研院所等机构,这些机构在大多数国家都是依赖政府资金从事研发活动,因此,政府资金比重能显著地提高以科技论文数为代表的研发效率。

第六,语言距离能显著地抑制以科技论文数为代表的研发效率。这一点很容易理解,高科技论文主要是以英语为写作语言,一国学习英语越困难,其在 SCI 和 SSCI 等以英语为主的期刊上发表论文就越困难。

第七,G7 国家以科技论文数为代表研发效率明显高于非 G7 国家。这一点也比较符合预期,世界研发支出大部分都集中在 G7 国家,世界技术前沿也集中在 G7 国家,因此,其高科技论文产出效率要明显强于非 G7 国家。

二、产出变量为国际专利数估计结果

我们使用国际专利数作为因变量进行随机前沿分析,其回归结果如表8-5 所示。

从表8-5 的结果中,并通过与表8-4 的结果进行比较,我们可以看出:

从知识生产函数结果中可以看出,对国际专利数影响最大的为本国研发资本投入,这一点与科技论文数结果类似;但与产出变量为科技论文数的结果

表8-5 产出变量为国际专利数回归结果

被解释变量	(1)	(2)	(3)	(4)	(5)	(6)	(7)	(8)	(9)
				知识生产函数					
常数项	−15.568***	−10.197***	−12.403***	−11.648***	−11.528***	−9.501***	−11.214**8	−12.534***	−8.688***
	(−31.228)	(−25.830)	(−35.556)	(−29.052)	(−33.018)	(−29.096)	(−22.830)	(−33.277)	(−30.470)
R^d	0.863***	1.292***	1.545***	1.347***	1.435***	0.788***	1.060***	1.401***	0.806***
	(11.598)	(22.915)	(29.694)	(20.745)	(25.400)	(16.526)	(5.833)	(23.694)	(16.942)
L_1	−0.012	−0.216***	−0.558***	−0.301***	−0.388***	−0.130***	−0.064	−0.433***	0.104***
	(−0.181)	(−4.357)	(−12.578)	(−4.848)	(−7.628)	(−3.475)	(−0.539)	(−8.461)	(2.378)
R^f	0.538***	−0.160***	−0.079*	−0.083*	−0.126***	0.306***	0.041	−0.003	0.073**
	(11.515)	(−4.143)	(−1.834)	(−1.848)	(−2.978)	(7.176)	(0.312)	(−0.061)	(2.022)
				技术非效率函数					
常数项	—	2.324***	5.702***	25.155***	−2.557***	1.607***	−7.713**	−3.538	0.416
	—	(21.677)	(9.416)	(5.581)	(−3.087)	(16.718)	(−2.420)	(−1.637)	(0.437)
IT	—	−0.480***	—	—	—	—	—	—	−0.201***
	—	(−14.063)	—	—	—	—	—	—	(−9.207)
HK	—	—	−1.581***	—	—	—	—	—	−0.081
	—	—	(−6.265)	—	—	—	—	—	(−1.423)
SRV	—	—	—	−6.180***	—	—	—	—	0.039
	—	—	—	(−5.120)	—	—	—	—	(0.160)

续表

被解释变量	(1)	(2)	(3)	(4)	(5)	(6)	(7)	(8)	(9)
Hightec	—	—	—	—	-0.532***	—	—	—	-0.044**
					(-5.727)				(-2.617)
GERD	—	—	—	—	—	-1.012***	—	—	-0.642***
						(-24.268)			(-12.869)
GOVRD	—	—	—	—	—	—	2.142**	—	0.392
							(2.620)		(7.663)
Distance	—	—	—	—	—	—	—	0.582**	0.096***
								(2.620)	(6.074)
G7	-1.248***	-1.167***	-2.610***	-2.475**	-3.093***	-0.485***	-1.772**	-6.371*	-0.315***
	(-5.629)	(-4.811)	(-4.200)	(-2.353)	(-3.699)	(-4.323)	(-2.505)	(-1.975)	(-3.021)
σ^2	2.986***	0.747***	1.645***	1.929***	1.868***	0.400***	1.342**	3.293**	0.350***
	(4.452)	(9.726)	(5.401)	(4.215)	(5.137)	(15.111)	(5.802)	(2.506)	(16.247)
γ	0.955***	0.920***	0.932***	0.945***	0.950***	0.908***	0.896***	0.959***	0.969***
	(90.707)	(45.247)	(60.967)	(68.249)	(80.128)	(25.454)	(13.291)	(60.662)	(64.704)
对数似然值	-492.721	-862.888	-938.105	-975.722	-960.907	-680.170	-981.193	-994.826	-665.221
LR检验值	1218.517	491.826	341.393	266.157	295.788	498.699	255.216	227.950	887.159
观测值	924	924	924	924	924	924	924	924	924

注：参数估计值下面括号中的数字表示 t 检验值。*、**、*** 分别代表参数数估计值在 10%、5%、1% 的置信水平上显著。

明显不同的是,当我们使用国际专利数代表研发产出时,本国研发人员对研发产出不具备显著的正向促进作用,究其原因,我们认为,主要体现在以下两个方面。

第一,研发人员投入具有显著的冗余,在大多数发展中国家研发人员中具备申请专利能力的人并不多,因此,这会导致研发人员对以国际专利数为代表的研发效率不具备显著效应。

第二,国际专利对于研发人员的素质要求较高,并不是人员投入越多就越容易申请到国际专利,相反需要具有更高素质的研发人员才能申请到专利。

同时,通过贸易导致的国外研发资本投入对以国际专利数为代表的研发效率并没有显著的促进作用,吸引国际技术溢出多的国家在利用国外知识促进专利产出方面并没有显著的优势。这是因为国际专利具有显著的排他性,专利的生产和授权都需要排他性的知识,一国通过贸易引进的国际技术溢出越多,就越倾向于模仿和吸收别国的专利技术,这反而会对国际专利产出产生抑制作用,因此,一国通过进口贸易导致的研发溢出对国际专利产出并不会造成显著的影响。

从对技术非效率函数的分析结果中,与科技论文数的产出进行比较,主要差别体现在:

高技术产业占比显著地提高了以国际专利数为代表的研发效率。高技术产业占比越高,以国际专利数为代表的研发效率就越高,这一点主要是由于申请国际专利的一般是具有显著性优势的高技术领域,因此,一国高技术产业发展越好,其研发效率也就越高。

政府资金比例显著地抑制了以国际专利数为代表的研发效率。这一点是因为大多数国家特别是 G7 等科技领先国政府资金无论在研发规模还是在研发效果上都不如企业研发资金,比如美国等国研发主要体现在企业研发资金上,大多数高端技术都通过企业或者产学研合作的方式进行。

三、产出变量为美国专利数估计结果

为了便于比较,我们使用美国专利数作为产出变量进行回归,其回归结果如表8-6所示。

从表8-6的回归结果中可以看出,当我们使用美国专利数进行回归时,回归的显著性水平和方向上完全与国际专利数保持一致,进一步说明我们的回归结果是稳健的。

四、产出变量为本国专利数估计结果

进一步,我们使用本国专利数作为产出变量进行回归,其回归结果如表8-7所示。

从表8-7的回归结果中可以看出,在知识生产函数方面,与使用美国专利数和国际专利数的回归结果不同,研发人员投入对本国专利数有显著的促进作用。这一点也可以理解,如果一国研发人员越多,申请本国专利数就越多;但人口越多,并不一定对美国专利和国际专利的申请有明显的促进作用,本国专利的申请门槛相对于外国专利来说较低,也较为便利。这一结果也比较符合中国现实情况,中国在本国专利的申请上无论是在数量上还是在规模上都比发达国家要多;但是在外国专利的申请上与发达国家仍有明显差距。

同时,与美国专利数和国际专利数的回归结果不同,语言距离对本国专利数的影响不再显著,这主要是因为,一般而言,各国在本国申请的专利都是使用本国的语言进行,并不需要较高的英语水平,而且,各国在本国所申请的专利主要依赖于本国自身的政治制度环境和法律环境,语言的作用并不会造成显著的影响。

表8-6 产出变量为美国专利利数回归结果

被解释变量	(1)	(2)	(3)	(4)	(5)	(6)	(7)	(8)	(9)
知识生产函数									
常数项	-13.089***	-11.584***	-13.818***	-11.800***	-12.055***	-11.227***	-10.790***	-13.183***	-10.543***
	(-19.201)	(-29.319)	(-26.904)	(-27.990)	(-28.864)	(-24.015)	(-29.189)	(-25.953)	(-29.275)
R^d	0.903***	1.519***	1.783***	1.373***	1.536***	1.038***	1.121***	1.510***	1.068***
	(11.782)	(23.674)	(25.297)	(17.890)	(22.039)	(19.937)	(15.075)	(21.094)	(18.017)
L_i	-0.276***	-0.218***	-0.581***	-0.084	-0.253***	-0.325***	0.159**	-0.287***	0.185***
	(-4.046)	(-3.457)	(-7.647)	(-1.088)	(-3.674)	(-7.563)	(2.148)	(-3.687)	(2.938)
R^f	0.494***	-0.325***	-0.236***	-0.244***	-0.292***	0.296***	-0.194***	-0.174***	-0.169***
	(10.215)	(-8.310)	(-4.873)	(-6.521)	(-7.080)	(7.225)	(-5.816)	(-3.791)	(-5.061)
技术非效率函数									
常数项	—	2.708***	5.060***	24.434***	-0.929***	2.515***	-6.564***	-0.156	4.070***
	—	(22.049)	(12.565)	(9.480)	(-3.253)	(23.661)	(-5.797)	(-0.522)	(2.965)
IT	—	-0.512***	—	—	—	—	—	—	-0.117***
	—	(-12.581)	—	—	—	—	—	—	(-3.627)
HK	—	—	-1.123***	—	—	—	—	—	-0.166*
	—	—	(-8.379)	—	—	—	—	—	(-1.646)
SRV	—	—	—	-5.680***	—	—	—	—	-1.193***
	—	—	—	(-8.855)	—	—	—	—	(-3.222)

续表

被解释变量	(1)	(2)	(3)	(4)	(5)	(6)	(7)	(8)	(9)
Hightec	0.396**	—	—	—	-0.487***	—	—	—	-0.200***
	(2.129)	—	—	—	(-10.703)	—	—	—	(-7.028)
GERD	—	—	—	—	—	-1.183***	—	—	-0.727***
	—	—	—	—	—	(-25.823)	—	—	(-9.073)
GOVRD	—	—	—	—	—	—	2.028***	—	0.599***
	—	—	—	—	—	—	(7.228)	—	(6.105)
Distance	—	—	—	—	—	—	—	0.362***	0.171***
	—	—	—	—	—	—	—	(7.446)	(7.196)
G7	—	-3.043***	-3.881***	-3.248***	-3.294***	-0.816***	-4.089***	-4.082***	-1.047***
	—	(-6.328)	(-4.328)	(-5.288)	(-6.100)	(-8.381)	(-6.375)	(-5.058)	(-5.365)
σ^2	4.491***	1.364***	1.715***	1.903***	1.493***	0.490***	2.247***	2.055***	0.706***
	(4.253)	(10.231)	(7.936)	(8.829)	(8.975)	(21.172)	(8.989)	(7.649)	(13.869)
γ	0.970***	0.962***	0.932***	0.976***	0.963***	1.000***	0.989***	0.962***	0.968***
	(132.831)	(97.133)	(52.138)	(138.541)	(93.073)	(234167.5)	(288.503)	(83.358)	(88.293)
对数似然值	-501.416	-1074.387	-1130.599	-1129.078	-1086.107	-942.269	-1040.582	-1154.324	-853.476
LR检验值	1531.153	432.737	320.313	323.356	409.297	696.973	190.095	272.863	874.559
观测值	924	924	924	924	924	924	924	924	924

注：参数估计值下面括号中的数字表示 t 检验值。*、**、*** 分别代表参数估计值在10%、5%、1%的置信水平上显著。

表 8-7　产出变量为本国专利数回归结果

被解释变量	(1)	(2)	(3)	(4)	(5)	(6)	(7)	(8)	(9)
知识生产函数									
常数项	-3.918***	-6.280***	-4.854***	-6.468***	-3.795***	-5.782***	-6.611***	-2.779***	-4.031***
	(-6.084)	(-18.387)	(-10.575)	(-6.603)	(-5.708)	(-13.551)	(-10.330)	(-0.123)	(-8.247)
R^d	0.850***	0.629***	0.612***	0.592***	0.547***	0.576***	0.669***	0.615***	0.751***
	(11.848)	(12.126)	(11.144)	(5.980)	(9.732)	(9.773)	(6.607)	(12.588)	(12.877)
L_1	0.164**	0.849***	0.813***	0.819***	0.861***	0.835***	0.804***	0.760***	0.576***
	(2.539)	(19.131)	(18.371)	(26.250)	(18.133)	(10.105)	(9.618)	(19.124)	(10.753)
R^f	-0.155***	-0.369***	-0.388***	-0.293***	-0.390***	-0.349***	-0.357***	-0.384***	-0.383***
	(-3.389)	(-8.076)	(-8.556)	(-4.054)	(-7.875)	(-6.544)	(-6.220)	(-8.844)	(-7.371)
技术非效率函数									
常数项	—	0.114	1.447***	-0.122	1.676***	-0.144	-0.534	2.468	-7.330***
	—	(1.167)	(6.715)	(-0.126)	(3.514)	(-0.936)	(-0.581)	(0.109)	(-6.899)
IT	—	-0.168***	—	—	—	—	—	—	0.012
	—	(-10.853)	—	—	—	—	—	—	(0.508)
HK	—	—	-0.233***	—	—	—	—	—	-0.469***
	—	—	(-4.426)	—	—	—	—	—	(-7.866)
SRV	—	—	—	0.074	—	—	—	—	2.396***
	—	—	—	(0.304)	—	—	—	—	(8.841)

172

续表

被解释变量	(1)	(2)	(3)	(4)	(5)	(6)	(7)	(8)	(9)
Hightec	—	—	—	—	-0.031*	—	—	—	-0.049***
	—	—	—	—	(-1.711)	—	—	—	(-2.706)
GERD	—	—	—	—	—	0.026	—	—	0.046
	—	—	—	—	—	(0.354)	—	—	(0.750)
GOVRD	—	—	—	—	—	—	0.203	—	0.133***
	—	—	—	—	—	—	(0.921)	—	(2.848)
Distance	—	—	—	—	—	—	—	-0.117***	-0.085***
	—	—	—	—	—	—	—	(-7.132)	(-5.183)
G7	-0.134	-0.226***	-2.127***	-0.513***	-0.609***	-0.494***	-0.101	-0.676***	-0.899***
	(-0.724)	(-2.692)	(-3.870)	(-2.834)	(-6.677)	(-4.652)	(-0.972)	(-7.543)	(-10.247)
σ^2	6.284***	0.604***	0.581***	0.623***	0.588***	0.586***	0.626***	0.554***	0.468***
	(4.659)	(20.686)	(19.139)	(22.922)	(20.688)	(19.410)	(13.575)	(22.579)	(21.691)
γ	0.979***	0.019***	0.089	0.000	0.164***	0.000	0.007	0.135	0.006
	(206.809)	(4.515)	(1.382)	(0.855)	(6.649)	(0.028)	(0.094)	(0.129)	(0.021)
对数似然值	-498.947	-1072.951	-1050.987	-1068.287	-1061.256	-1063.504	-1072.687	-1038.132	-960.308
LR检验值	1129.468	12.469	56.398	21.798	35.861	31.364	12.998	82.108	237.757
观测值	924	924	924	924	924	924	924	924	924

注：参数估计值下面括号中的数字表示 t 检验值。*、**、***分别代表参数估计值在10%、5%、1%的置信水平上显著。

根据前文的结果,我们绘制了一个显示所有结果的汇总表,如表8-8所示。

表8-8　回归结果汇总

变量		科技论文	国际专利	美国专利	本国专利
投入变量	R^d	+	+	+	+
	R^f	+	/	/	−
	L_1	+	/	/	+
环境变量	IT	+	+	+	+
	HK	+	+	+	+
	SRV	/	/	+	+
	Hightec	−	+	+	+
	GERD	+	+	+	+
	GOVRD	+	−	−	+
	Distance	−	−	−	+
	G7	+	+	+	+

注:表中符号+代表该变量对研发效率有显著正的影响;符号−代表该变量对研发效率有显著负的影响;符号/代表该变量对研发效率的影响不显著。

总的来说,我们可以看出,在知识生产函数方面,对所有产出影响最显著的还是研发经费投入,没有经费的投入,就带不来研发的产出。

另外,我们也可以看到,人力资本和互联网普及程度等对研发效率有显著正的影响。这表明我们要进一步提高人力资本和互联网普及程度。

五、稳健性检验

为了证明回归结果的稳健性,我们进行如下稳健性检验。第一,滞后期数选择问题。有的学者认为,从研发投入到专利产出上存在一定的时间滞后效应,研发活动过程中,从研发投入到专利产出存在着一定的时间滞后。刘顺忠和官建成(2002)将这一滞后时间设定为1年;弗曼等(Furman等,2002)设定为2年;李习保(Li Xibao,2009)的考察则认为中国发明专利申请获得授权大约需要 3 年的时间;而其他学者,如纳西尔洛夫斯基和阿思勒斯(Nasierowski 和 Arcelus,2003)及埃里克·王(2007)等,均未考虑投入与产出的滞后时间。从回归结果中可以看出,无论是滞后一阶模型还是滞后两阶模型,结果均未显著改变。第二,研发资本折旧率问题。对于折旧率的选择,学者们也莫衷一是,卡福罗斯(Kafouros,2006)采用 20% 的折旧率;但也有很多研究,如科和赫尔普曼(1995)、科等(2009)采用 5% 的折旧率。折旧率的选择将会严重影响研发资本存量的数值,那么折旧率是否对研发效率有显著的影响呢? 我们也选取 20% 和 5% 的折旧率重新进行回归,结果显示,影响因素的显著性水平和影响效果并未发生改变。第三,变量选择问题。为了进一步检验回归结果的稳健性,我们采用 C-H 方法测算外国资本存量,采用技术人员替代研发人员进行回归,除个别结果影响不显著外,大部分回归结果也未发生显著性改变。[①]

第四节　中国的研发效率测度及排名

为了明确中国的研发效率,我们根据前文的模型(8-4)分别测度了 4 种情形下的研发效率,其结果如图 8-1 所示。

从图 8-1 的结果中可以看出,$eff_1 > eff_4 > eff_2 > eff_3$,这表明一方面中国的科技产出主要以本国专利数和科技论文数为主,在国际专利数和美国专利数的产出效率反而较低,这表明中国的研发产出主要还是体现在数量上,在质量上研发效率仍然有很大的增长空间;另一方面中国的研发效率呈现出稳定的增长趋势,但增长速度较为缓慢,特别是在以美国专利数为代表的专利产出的增长上,表现尤为突出。

此外,我们想查明中国的技术效率在世界各国中所处的位置,因此根据中

---

① 限于篇幅,稳健性回归结果并未报告。

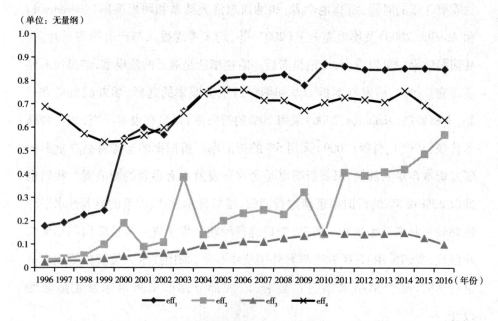

（单位：无量纲）

图8-1　中国的研发效率测度结果（1996—2016年）

注：eff₁为产出变量为科技论文数结果、eff₂为产出变量为国际专利数结果、eff₃为产出变量为美国专利
数结果、eff₄为产出变量为本国专利数结果。

国与世界主要国家(地区)的技术效率值绘制出中国的技术效率排名表,如表8-9所示。

表8-9　1996—2016年中国的技术效率排名

年份	eff₁排名	eff₂排名	eff₃排名	eff₄排名
1996	39	37	35	12
1997	39	35	37	13
1998	40	34	37	15
1999	39	31	38	16
2000	36	27	37	15
2001	35	33	35	13
2002	39	34	34	7
2003	39	33	33	3
2004	38	28	33	2

续表

年份	eff$_1$排名	eff$_2$排名	eff$_3$排名	eff$_4$排名
2005	36	26	34	1
2006	37	26	33	1
2007	37	23	33	1
2008	35	23	33	2
2009	29	22	30	2
2010	32	17	31	2
2011	29	17	30	2
2012	31	15	31	1
2013	28	15	35	1
2014	19	17	35	1
2015	17	14	34	1
2016	18	8	31	3

从表8-9的结果中可以看出,中国的技术效率排名在稳步上升,但除了以本国专利数为代表的产出在世界各国中保持领先地位外,其他方面的产出与世界主要国家(地区)相比仍然有不小的差距,特别是在美国专利的申请上,仍然处于世界各国的中下游水平。这表明,我国的研发效率在以美国专利和国际专利为代表的研发产出上仍有很大的提升空间。

第五节　国家层面研发效率影响因素总结

本章利用中国与世界主要国家(地区)1996—2016年的数据,在根据第七章的研发效率影响因素的理论基础上,利用面板随机前沿分析方法分析了中国与世界主要国家(地区)研发效率的发展现状及影响因素。从本章的分析中,我们可以得到如下主要结论。

第一,要提高研发效率,关键还是要靠本国的研发投入。特别是提升以专利为代表的创新产出,很大程度上还是依赖于自主的研发,国际研发溢出只对以科技论文数为代表的研发产出有促进作用。

第二,互联网发展和人力资本素质的提升显著地提高了研发效率,这验证了吸收能力理论的适用性,也表明推进互联网发展和提高人力资本素质刻不容缓。

第三,高技术产业占比和政府研发支出占比越高,一国的研发效率就越高,这一结论基本上和第七章的预期相一致,也进一步验证了国际技术溢出等渠道对研发效率的促进作用。

第四,中国在世界主要国家(地区)中研发效率呈现出逐步上升的趋势,但是与世界研发效率领先国家相比仍然有一定的提升空间。

第五,中国的研发效率在以数量为代表的科技论文数和本国专利数上有一定的优势,但是在以质量为代表的国际专利数和美国专利数上没有明显的优势,因此,研发效率仍然存在很大的提升空间。

根据中国与世界主要国家(地区)国家层面的面板数据,我们可以看到第七章所提出研发效率的主要影响因素在本章中基本上可以被验证,表明研发效率的影响因素理论是可以成立的。那么,这些影响因素究竟在行业层面是否能成立呢? 我们将在第九章中进行解答。

第九章　行业层面研发效率
影响因素实证分析

本章将以第五章中国与世界主要国家（地区）行业层面的研发效率数据和第七章的相关理论为基础，继续分析研发效率行业层面的影响因素。但在本章分析中国与世界主要国家（地区）行业层面研发效率的影响因素时，面临的一个最主要的问题也是行业层面数据缺失的问题，相比较于国家层面而言，行业层面的数据搜集需要更多的经费投入；而且由于世界各国统计制度、统计方法、统计标准上的差异，涉及的国际比较问题也更为复杂。对于本章的研究来说，要搜集到世界各国各行业影响因素变量就显得更加困难。

但需要注意的是，如果在进行行业层面研发效率研究时，第五章所搜集到的是国家—行业—时间的三维面板数据，第八章国家层面研发效率影响因素的一些主要特征变量是国家—时间的二维面板数据，但国家层面的数据也可以用于行业层面的研发效率影响因素分析中，只需假定对于某国来说所有行业都面临着相同的国家特征因素，为此，在行业层面数据缺失时使用国家特征因素进行影响因素分析也是行之有效的。但是除了国家层面的影响因素外，如果还需要分析行业具体特征对研发效率的影响，我们还要尽可能地搜集到更多的行业层面数据进行分析。本章将在第五章构造的行业层面研发效率测度数据的基础上进一步搜集部分国家—行业—时间的三维面板数据，对行业层面研发效率影响因素进行实证检验,以此补充研发效率影响因素的相关研究。

第一节　行业层面研发效率影响因素模型的构建

与第八章所运用的方法不同,由于行业层面使用的是三维面板数据,三维面板数据不适用于使用随机前沿模型进行分析,因此这一部分我们仍然使用面板数据模型分析方法。为此,我们需要重新构建一个行业层面的理论分析模型。这一节,我们利用知识生产函数推导一个简单行业层面研发效率影响因素的理论模型。首先,假定世界范围内有 i 个国家和 j 个行业,每个行业在时期 t 的生产函数如下:

$$Y_{ijt} = A_{ijt} F(L_{ijt}, K_{ijt}) \tag{9-1}$$

式(9-1)中,Y 为研发产出,可以用专利数或者工业增加值来衡量,L 为研发人员投入,K 为研发资本投入,A 代表全要素研发效率。假定该生产函数为一阶齐次的,且具有要素边际收益递减的性质,要素收益随着行业的不同而不同,全要素研发效率 A 随着时间、行业和国家的变化而变化。

根据式(9-1),我们可以得到:

$$A_{ijt} = \frac{Y_{ijt}}{F(L_{ijt}, K_{ijt})} \tag{9-2}$$

假设生产函数为柯布—道格拉斯生产函数,即:

$$Y_{ijt} = A_{ijt} K_{ijt}^{\alpha} L_{ijt}^{\beta} \tag{9-3}$$

对式(9-3)两边同时取对数,就可以得到:

$$\ln Y_{ijt} = \ln A_{ijt} + \alpha \ln K_{ijt} + \beta \ln L_{ijt} + \varepsilon_{ijt} \tag{9-4}$$

按照格里利克斯(1980)和格里利克斯与利希滕贝格(Griliches 和 Lichtenberg,1984)的观点,全要素生产率是知识存量(G)的一个函数,即知识生产函数。知识生产函数的基本设定如下:

$$A_{ijt} = f(G_{ijt}) + \gamma X_{it} \qquad\qquad (9-5)$$

式(9-5)中,G代表影响全要素研发效率的诸如知识存量等一系列行业特征因素,X是一组能影响全要素研发效率的国家层面控制变量,本章中X可包含人力资本投入(H)、研发支出比重($GERD$)、产业发展(SRV)等一系列国家层面的影响因素变量,γ代表控制变量的系数。

根据生产函数的基本研究框架,结合相关研究,我们可以将行业层面研发效率的影响因素估计分为直接效应估计和间接效应估计。

一、研发效率影响因素的直接效应估计

首先,我们估计研发效率影响因素的直接效应,将式(9-2)和式(9-5)合并,我们便可以得到行业层面影响因素的实证研究模型为:

$$A_{ijt} = \frac{Y_{ijt}}{F_j(L_{ijt}, K_{ijt})} = f(G_{ijt}) + \gamma X_{it} \qquad\qquad (9-6)$$

式(9-6)中,各变量定义如前所述,我们使用式$A_{ijt} = \dfrac{Y_{ijt}}{F_j(L_{ijt}, K_{ijt})}$计算研发全要素生产率,与国家层面的分析不同,行业层面的分析使用的是三维数据,因此需要纳入时间、行业、国家三个维度进行考虑。

根据我们可以搜集到的三维面板数据和第六章的理论模型,可将模型进一步构造如下:

$$\ln TFP_{ijt} = \alpha + \alpha_1 \ln RI_{ijt} + \alpha_2 \ln LI_{ijt} + \alpha_3 \ln EX_{ijt} + \alpha_4 \ln IM_{ijt} + X_{jt} + u_{ijt}$$

$$(9-7)$$

式(9-7)中,TFP代表全要素研发效率,即A_{ijt};RI代表研发资本强度($R\&D$ intensity using value added);LI代表研发人员强度;EX代表出口密集度;IM代表进口密集度指标。最后,我们仍试图考察第七章所运用的国家层面影响因素是否也适用于行业层面,我们用矩阵X来表示这些影响,根据第七章的研究,这些因素主要有互联网发展(IT)、人力资本(HK)、高技术产业

发展(*Hightec*)、服务业发展(*SRV*)、研发支出强度(*GERD*)、研发支出结构(*GOVRD*)等。

二、研发效率影响因素的间接效应估计

我们既可以在测度出全要素研发效率后,估计各种影响因素对全要素研发效率的影响,也可以按照柳剑平和程时雄(2011)、王玲和西尔毛伊(Wang和Szirmai,2008)的方法,采用类似估计生产函数影响因素弹性方法,间接估计研发效率的影响因素对研发产出的影响。

也就是直接从生产函数出发,即将式(9-2)和式(9-5)合并,可得:

$$\ln Y_{ijt} = \alpha \ln K_{ijt} + \beta \ln L_{ijt} + \alpha_1 \ln RI_{ijt} + \alpha_2 \ln LI_{ijt} +$$
$$\alpha_3 \ln EX_{ijt} + \alpha_4 \ln IM_{ijt} + X_{jt} + u_{ijt} \tag{9-8}$$

式(9-8)各变量的定义如前所述,其中 *K* 代表研发资本投入,*L* 代表研发人员投入。运用式(9-8)估计的是各种影响因素的资本产出弹性,也可以看成各种影响因素对研发效率的间接影响。

第二节　行业研发效率影响因素
指标选取和数据来源

对于行业层面研发效率影响因素测度来说,相关投入指标和产出指标的选取在第六章已经介绍了,资本投入选择 OECD 数据库中搜集到的企业研发支出指标,劳动力投入选取 OECD 数据库中搜集到的技术人员指标,产出变量仍然选择国际专利申请数、美国专利申请数、欧洲专利申请数三种专利申请数汇总得到的专利申请数和各行业工业增加值两种指标来表示。国家层面的影响因素变量构造如第八章所述,本章主要介绍行业层面影响因素变量的选取,根据社会能力理论、技术能力理论、吸收能力理论所描述:一个国家或者一个行业能否吸收国外的先进技术离不开该国或该行业的研发投入,但根据我们

对行业层面研发效率的测度可以看出,并不一定研发投入越高的行业其研发效率就越高,相反有可能会越低,行业层面的研发效率可能和行业的研发密集度有着很大的关系,研发密集度可以用研发资本强度用研发人员强度等指标来衡量,研发资本强度用研发经费支出占工业增加值的比重来衡量;研发人员强度即研发人员占全部从业人员的比重。

同时,根据知识溢出理论、吸收能力理论等理论可以知道,通过进出口贸易可以吸收外国的先进技术和知识,从而带来技术水平的提升,进一步也会影响到研发效率。那么进出口在行业层面对研发效率究竟有无影响呢?本部分也可以利用搜集到的行业层面的进出口相关数据进行分析,但是很显然,如果采用进出口的绝对值指标进行分析并没有特别大的意义,因为各国在经济规模和进出口规模上会有较大的差异,进出口的绝对值指标并不足以反映某一行业在一国对外贸易中的地位。因此,我们主要采用进出口密集度指标进行分析,即进口占制造业进口的比例(进口密集度)和出口占制造业出口的比例(出口密集度)来分析。

总结而言,行业层面影响因素变量构造如下。

第一,研发资本强度(RI)。我们使用该变量代表行业层面研发支出所占比重对全要素研发效率的影响。即用公式(ANBERD/VALU)×100%得到,其中 ANBERD 代表研发资本投入,VALU 代表工业增加值。研发资本强度是OECD 划分高低技术行业的标准,该指标有两种直接测度方法,即用研发资本投入与产值的比重或者研发资本投入占工业增加值的比重来度量。相比较而言,我们认为,增加值更能反映研发活动所带来的经济效应,因此,本章选用研发资本投入占增加值的比重来表示研发资本强度。该变量可以考察是否研发资本投入越多的行业其研发效率就越高,也可以借此考察行业的技术水平是否与研发效率有关系,以及研发资本投入能不能带来研发产出的规模经济。

第二,研发人员强度(LI)。该指标用研发人员占全部就业人员的比重来表示,反映了研发人员投入的强度,即用公式(RDP/EMPN_total)×100%得到,其中 RDP 代表某个行业的研发人员投入,EMPN_total 代表该行业的全部从业人员。这一指标对研发效率影响的机理和研发资本强度类似,我们想知道是否研发人员投入占劳动力比重越高的行业其研发产出就越大,研发效率就越高,并借此来反映研发产出是否具有规模经济性。

第三,出口密集度(EX)。出口密集度指标用公式(EXPO_i/EXPO_manuf)×100% 来计算,其中 EXPO_i 代表某行业的出口额,EXPO_manuf 代表制造业整体的出口额。根据技术扩散理论和吸收能力理论,进出口贸易所带来的知识溢出效应和技术转移效应也是决定一国研发效率的关键因素,我们试图考察是否一个国家内出口所占比重越大的行业其全要素研发效率越高。根据数据的可得性,可以用行业出口额占一国制造业出口总额的比例来代表行业出口的密集度,该指标反映了某国某行业参与国际贸易的相对程度,也在一定程度上反映了该行业是否为有一定出口竞争力的行业。

第四,进口密集度(IM)。进口密集度指标用公式(IMPO_i/IMPO_manuf)×100% 来表示,其中 IMPO_i 代表某行业的进口额,IMPO_manuf 代表制造业整体的进口额,该变量用行业进口占该国制造业进口总额的比例来表示。根据技术扩散理论和吸收能力理论,相对于出口来说,产品进口特别是高技术产品进口更能反映一国对技术领先国家技术和知识的利用能力,该变量也可反映一国中各行业进口在国际贸易中所占的相对比重及一国某行业的进口依存度,及是否可以通过进口贸易带来国内技术环境的改善,进一步反映是否能通过进口贸易带来行业全要素研发效率的提高。

行业层面的特征变量数据仍主要来源于 OECD 数据库,OECD 数据库中的行业分析库提供了各行业的总产出、增加值、就业人数等数据。OECD 数据库的结构分析数据库中的双边贸易数据库统计了一国每个行业与世界其他国家进出口贸易额,该数据较全面,数据质量较高,对于分析行业层面的影响因素来说较为便利。

由于 OECD 的结构分析数据库中中国的部分数据如工业增加值、工业行业就业人员等缺失较为严重,对于中国的数据,主要来源于各年的《中国科技统计年鉴》和各年的《中国工业行业统计年鉴》,并根据第五章的《国民经济行业分类》和《国际标准产业分类》的归并和统一方法所汇总得到中国各行业的数据。

但是即便如此,很多数据仍有缺失,部分缺失数据采取插值法处理;但当该行业所有数据都缺失时,由于本部分主要以回归分析为主,为了避免构造数据对回归结果的稳健性造成较大的影响,不采取其他方法构造相关数据。最终搜集到2000—2016年17年间、14个国家、17个行业的国家—行业—年份的影响因素分析的三维面板数据。

第三节　模型估计方法

一般而言,面板数据使用较多的估计方法是固定效应估计和随机效应估计,由于固定效应模型可以控制各个维度的个体效应的差异,因此主要以固定效应为主。在固定效应模型与随机效应模型选择上,我们通过豪斯曼(Hausman)检验来考察个体效应同解释变量之间的相关性,若个体效应与解释变量无关,则选择随机效应模型,反之则选择固定效应模型。但在本章的相关研究中,固定效应模型和随机效应模型也存在一个较大的缺陷,即由于本部分的数据为三维面板数据,在选取截面时只能将不同国家的每一个细分行业都作为截面来处理,这样截面容量就非常大,并且容易丢失国家层面的部分信息。因此,本部分可以采用三维面板数据的多重固定效应方法来实现,即在Stata软件中用reghdfe命令来实现,这一方法对多维数据有着较大的适用性,并且还可以兼顾软件的运算速度。另外需要注意的是,极端值也会对相关回归结果产生较大的影响。在进行分析时,由于世界各国的国情和研发投入差异很大,世界各国的全要素研发效率差异也很大,特别是经济规模较小的国家在研发投入极小的情况下容易存在很多研发效率测度的极端值,在回归分析中,这种极端值的存在可能会导致最小二乘法估计的无效,在存在极端值的情况下采用分位数回归方法可以克服极端值对回归结果的影响,我们采用75%等分位数回归分析方法进行回归分析。经过多种回归方法的分析和比较,如果回归结果仍然比较稳健,就证明我们的回归结果是可以信服的。

第四节　研发效率影响因素直接效应和间接效应估计

一、产出变量为专利申请数时的估计结果

我们先采用上述四种方法估计研发效率影响因素的直接效应式(9-7),表9-1为产出变量为专利申请数时的行业层面研发效率影响因素估计结果,其中第(1)列为固定效应回归结果,第(2)列为随机效应回归结果,第(3)列为分位数回归结果,第(4)列为多维固定效应回归结果。

表9-1　行业层面研发效率影响因素直接效应
回归结果(产出变量为专利申请数)

被解释变量	(1)	(2)	(3)	(4)
lnRI	-0.260***	-0.257***	-0.0772**	-0.382***
	(-13.46)	(-13.46)	(-2.02)	(-12.56)
lnLI	-0.329***	-0.323***	-0.538***	-0.335***
	(-18.55)	(-18.61)	(-15.00)	(-10.21)
lnEX	-0.160***	-0.186***	-0.404***	-0.301***
	(-4.95)	(-6.16)	(-14.79)	(-16.17)
lnIM	-0.0956**	-0.0285	0.400***	-0.0663**
	(-2.36)	(-0.77)	(12.44)	(-2.11)
lnIT	0.457***	0.421***	0.444***	0.0309
	(16.87)	(16.21)	(6.35)	(0.46)

续表

被解释变量	（1）	（2）	（3）	（4）
ln*HK*	0.0708	0.148*	0.724***	−0.173
	(0.88)	(1.94)	(5.88)	(−1.06)
ln*SRV*	0.682**	1.060***	0.867***	−0.167
	(2.50)	(4.24)	(2.61)	(−0.27)
ln*GERD*	0.0947	0.0780	0.351***	0.862***
	(0.91)	(0.82)	(3.72)	(4.26)
ln*GOVRD*	0.143**	0.0813	−0.192*	−0.0354
	(2.25)	(1.34)	(−1.94)	(−0.28)
G7	—	0.276*	0.474***	—
		(1.79)	(6.02)	
常数项	−2.030*	−3.634***	−2.370*	—
	(−1.80)	(−3.61)	(−1.84)	
观测值	2877	2877	2877	2877
拟合优度	0.379	0.362	0.338	0.888

注：参数估计值下面括号中的数字表示 t 检验值。*、**、*** 分别代表参数估计值在 10%、5%、1%的置信水平上显著。

　　从表9-1的回归结果中可以看出,各种分析方法的回归结果基本上差异不大,表明我们的回归结果在符号和方向上变化不大,证明回归结果是稳健的,可以信服的,此外,从表9-1的回归结果中还可以得到如下结论。

　　第一,研发资本强度对全要素研发效率有显著负向影响,代表研发强度越高的行业其研发产出反而不高,全要素研发效率反而越低。并且通过比较各列的回归结果可知,这一结论基本上是稳健的。但这一结论与我们的预期不一致,我们认为,研发强度越高,代表该行业的技术含量越高,同时也表明这些行业是高技术行业,高技术行业的研发产出应该显著低于非高技术行业。但我们的回归结果拒绝了这样的推论,回归结果表明研发强度越高的行业其全要素研发效率反而越低,根据适宜技术理论,并不是所有国家都适合进行高技术产业的研发,在部分发展中国家甚至发达国家研发基础都较为薄弱,高技术产业的研发并不具备相应的比较优势,在这些高技术产业研发上不具备优势的国家要获得以国际专利等为主的研发产出都较为困难,这些国家在一些非高技术产业上的研发可能更具有比较优势,因此其研发产出反而越高,这就导致了研发强度对全要素研发效率影响从世界范围来看呈现负向作用。这一回归结论也充分反映了研发的两面性和研发活动的高度不确定性,并不是研发投入越多的行业或研发强度越大的行业其全要素研发效率越高。

第二,研发人员强度对全要素研发效率同样有显著的负向影响,而且这一结果是高度显著的,这一结论和研发资本强度的回归结果相一致,表明并不是研发人员密集度越高的行业其研发生产率就越高。这也证明了从世界范围来看,无论是研发人员投入还是研发资本投入都不具备规模经济,并且研发人员投入在很多研发能力不强、研发体制不完善的国家人力资本含量不高,可能会存在较多的冗余。因此,提高研发人员的人力资本含量也是一项迫切的任务。

第三,出口密集度对全要素研发效率有显著负向影响。这一结论表明行业出口占制造业的比例越大,其研发效率就越低,这一结论和国家层面的结果一致,但是跟知识溢出理论不一致,知识溢出理论认为出口密集度越大的行业其技术吸收能力越强。这种不一致主要是由于出口密集度并不能完全反映某个行业的技术能力,由于发达国家的知识产权保护和技术垄断,通过出口来获得发达国家的关键技术也较为困难,出口并不能完全代表行业的技术吸收能力。另外,发展中国家的大部分产品出口集中于一些低成本、低附加值的初级产品出口和轻工业产品出口上,产品出口大多是由发达国家跨国公司的产业转移所引致的。因此,出口密集度对全要素研发效率的影响显著为负。

第四,进口密集度对全要素研发效率也有负向影响,但这一结果不是很稳健,在分位数回归结果中显示出正向的影响。究其原因,可能还是由于部分国家或部分行业的进口和技术之间的联系并不十分紧密,部分发展中国家通过进口来吸收国外的先进技术难度较大,因此造成了影响上的差异。

　　表9-1中国家层面研发效率影响因素变量的实证结果基本上和我们采用国家层面数据时一致,互联网发展程度和人力资本及高技术产业发展对全要素研发效率有显著的正向影响。国家层面政府研发支出占比在我们运用多维固定效应和分位数回归时回归结果显著为正,在固定效应、随机效应时也为正但是不显著,这一结论也基本支持了运用国家层面数据回归的结果。政府资金来源回归结果也不稳健,代表政府资金来源对全要素研发效率影响并不稳健,这一结论和我们运用国家层面数据也是一致的。G7国家全要素研发效率要显著高于非G7国家,这一结论也是稳健的,和我们运用国家层面数据时相一致。

　　表9-2为产出变量为专利申请数时的间接效应式(9-8)估计结果。

表9-2　行业层面研发效率影响因素间接效应
回归结果(产出变量为专利申请数)

被解释变量	(1)	(2)	(3)	(4)
LnL	0.514***	0.432***	0.590***	0.427***
	(10.52)	(11.92)	(22.30)	(12.88)
LnK	0.101***	0.206***	0.249***	0.0148
	(4.08)	(8.61)	(8.87)	(0.84)
lnRI	-0.0798***	-0.0674***	0.178***	-0.0860***
	(-3.84)	(-3.19)	(5.91)	(-3.62)
lnLI	-0.485***	-0.363***	-0.0109	-0.272***
	(-9.76)	(-9.77)	(-0.38)	(-7.33)
lnEX	0.00760	0.0601*	-0.0431*	0.156***
	(0.23)	(1.93)	(-1.93)	(9.23)
lnIM	-0.0235	-0.0112	-0.267***	-0.0171
	(-0.58)	(-0.31)	(-11.06)	(-0.70)
lnIT	0.523***	0.474***	0.357***	0.250***
	(19.07)	(17.81)	(6.93)	(4.45)
lnHK	0.505***	0.438***	0.957***	0.341**
	(6.19)	(5.74)	(10.50)	(2.45)

续表

被解释变量	(1)	(2)	(3)	(4)
ln*SRV*	0.242	0.475*	0.337	0.787
	(0.81)	(1.71)	(1.35)	(1.39)
ln*GERD*	0.465***	0.370***	−0.482***	1.115***
	(4.45)	(3.94)	(−6.79)	(5.98)
ln*GOVRD*	0.0792	0.0183	−0.403***	−0.0932
	(1.24)	(0.30)	(−5.48)	(−0.96)
G7	—	1.092***	0.647***	—
		(7.74)	(9.60)	
常数项	−1.960	−2.823**	−6.264***	—
	(−1.52)	(−2.45)	(−6.23)	
观测值	2877	2877	2877	2877
拟合优度	0.588	0.649	0.590	0.952

注:参数估计值下面括号中的数字表示 t 检验值。*、**、*** 分别代表参数估计值在 10%、5%、1% 的置信水平上显著。

通过观察表 9-2 的结果可以看出:研发人员投入和研发资本投入对专利申请数产出有显著的正向促进作用,其中研发人员投入对专利申请数产出的影响要比研发资本投入的影响要大。这代表人员投入相对资本投入而言更容易促进研发效率的提升,为此,我们应该注重加大人员投入。

将表 9-2 的结果与表 9-1 的结果进行比较,我们可以看到,除了出口密集度和进口密集度的结果不再稳定且显著外,大部分回归结果在显著性上和符号上并未发生改变。出口密集度和进口密集度对研发效率影响不显著还是在于部分国家进出口主要以资源型产品为主;部分行业并不是技术密集型行业,并不能通过进出口来带动研发效率的发展。

二、产出变量为工业增加值时的估计结果

为了检验我们回归结果的稳健性,我们采用产出变量为工业增加值来测

算全要素研发效率,回归结果如表9-3所示,回归方法与表9-1类似,表9-3的第(1)列为固定效应回归结果,第(2)列为随机效应回归结果,第(3)列为分位数回归结果,第(4)列为多维固定效应回归结果。

表9-3　行业层面研发效率影响因素直接效应
回归结果(产出变量为工业增加值)

被解释变量	(1)	(2)	(3)	(4)
$\ln RI$	-0.600***	-0.607***	-0.802***	-0.685***
	(-48.22)	(-51.09)	(-68.69)	(-19.02)
$\ln LI$	-0.240***	-0.243***	-0.146***	-0.157***
	(-21.02)	(-22.44)	(-13.30)	(-4.76)
$\ln EX$	-0.0541***	-0.0143	0.0373***	0.000686
	(-2.60)	(-0.85)	(4.47)	(0.05)
$\ln IM$	0.00165	-0.0253	-0.0479***	0.0997***
	(0.06)	(-1.24)	(-4.87)	(5.27)
$\ln IT$	0.114***	0.174***	0.113***	0.0827*
	(6.57)	(11.14)	(5.30)	(1.71)
$\ln HK$	-0.122**	-0.116***	-0.0114	-0.104
	(-2.35)	(-2.61)	(-0.30)	(-0.98)
$\ln SRV$	0.333*	-0.337**	-0.847***	-0.0994
	(1.89)	(-2.46)	(-8.34)	(-0.25)
$\ln GERD$	0.164**	0.0894*	-0.0706**	0.0578
	(2.45)	(1.75)	(-2.45)	(0.37)
$\ln GOVRD$	-0.290***	-0.121***	-0.0408	-0.240***
	(-7.10)	(-3.40)	(-1.35)	(-2.59)
G7	—	-0.0831	0.0353	—
		(-1.52)	(1.47)	
常数项	5.768***	8.080***	9.912***	—
	(7.96)	(14.79)	(25.21)	
观测值	2877	2877	2877	2877
拟合优度	0.644	0.879	0.748	0.924

注:参数估计值下面括号中的数字表示t检验值。*、**、***分别代表参数估计值在10%、5%、1%的置信水平上显著。

表9-3为产出变量为工业增加值时行业层面研发效率影响因素直接效应回归结果,从表9-3中可以看出,在产出变量为工业增加值时,大部分回归结果和产出变量为专利申请数时一致,特别是研发资本强度和研发人员强度对全要素研发效率的影响显著为负,代表我们的回归结果是稳健并且可以信服的。但是出口密集度对全要素研发效率的影响并不一致,部分结果显著为正,部分结果显著为负。这一点和我们使用专利申请数代表研发产出间接效应一致,这一结论还是进一步验证了通过出口吸收国外先进技术提升全要素研发效率的技术转移理论并不成立。进口密集度对全要素研发效率的影响也并不稳健,这一结论和产出变量为专利申请数时的回归结果一致。除了人力资本外,国家层面影响因素的回归结果和以专利申请数代表研发产出时也基本保持一致,其中,互联网普及度对研发产出的影响始终显著为正。这些都进一步表明我们的回归结果是稳健的,可以信服的。

表9-4为行业层面研发效率影响因素在产出变量为工业增加值时的间接效应估计结果。

表9-4 行业层面研发效率影响因素间接效应
回归结果(产出变量为工业增加值)

被解释变量	(1)	(2)	(3)	(4)
LnL	0.546*** (20.64)	0.636*** (39.39)	0.544*** (52.48)	0.744*** (33.56)
LnK	0.247*** (18.32)	0.314*** (25.64)	0.446*** (40.52)	0.229*** (9.91)
lnRI	−0.458*** (−40.73)	−0.455*** (−40.41)	−0.693*** (−58.48)	−0.438*** (−9.97)
lnLI	−0.429*** (−15.97)	−0.482*** (−28.85)	−0.209*** (−18.52)	−0.465*** (−13.44)
lnEX	−0.0274 (−1.53)	0.0268* (1.75)	0.0430*** (4.90)	0.0682*** (6.96)

续表

被解释变量	（1）	（2）	（3）	（4）
ln*IM*	−0.0102	0.00396	−0.0423***	0.0822***
	（−0.47）	（0.22）	（−4.48）	（5.56）
ln*IT*	0.211***	0.242***	0.148***	0.177***
	（14.21）	（17.61）	（7.33）	（5.03）
ln*HK*	0.0947**	0.00927	−0.0345	0.0838
	（2.15）	（0.24）	（−0.97）	（0.81）
ln*SRV*	−0.217	−0.265*	−0.425***	−0.236
	（−1.34）	（−1.96）	（−4.32）	（−0.78）
ln*GERD*	0.399***	0.189***	0.00323	0.0456
	（7.05）	（4.23）	（0.12）	（0.44）
ln*GOVRD*	−0.212***	−0.0816***	0.000257	−0.0944*
	（−6.14）	（−2.67）	（0.01）	（−1.71）
G7	—	0.0869	0.00836	
		（1.58）	（0.32）	
常数项	6.777***	6.632***	6.999***	—
	（9.70）	（11.85）	（17.74）	
观测值	2877	2877	2877	2877
拟合优度	0.681	0.665	0.812	0.974

注:参数估计值下面括号中的数字表示 t 检验值。*、**、*** 分别代表参数估计值在 10%、5%、1%的置信水平上显著。

表9-4 的回归结果和表9-3 的回归结果保持高度一致,和产出变量为专利申请数时的回归结果也基本上保持一致。研发人员投入和研发资本投入对全要素研发效率有显著的正向影响,研发人员投入对全要素研发效率的影响要大于研发资本投入,其他行业特征变量如人员密集度和资本密集度有显著负向影响,进口密集度和出口密集度影响并不显著,进一步证明回归结果的稳健性。

第五节　中国研发效率影响因素直接
效应和间接效应估计

从行业层面的影响因素回归结果来看,当我们采用 OECD 主要国家的回归结果进行分析时,回归结果基本上是稳健并可以信服的。但是,由于我们采用的是国家—行业—时间的三维面板数据,在三维面板数据的情况下,随之而来的一个问题是,世界范围内适用的影响因素回归结果是否也适用于中国呢?为此,我们只选择中国的数据进行分析,表 9-5 和表 9-6 在产出变量为专利申请数时研发效率影响因素直接效应和间接效应回归结果,第(1)列为固定效应回归结果,第(2)列为随机效应回归结果,第(3)列为分位数回归结果,由于我们不存在多维数据,所以并未使用多维固定效应模型进行估计。

表 9-5　中国行业层面研发效率影响因素直接效应
回归结果(产出变量为专利申请数)

被解释变量	(1)	(2)	(3)
$\ln RI$	-0.238^{**}	-0.205^{**}	0.873^{***}
	(-2.38)	(-2.05)	(3.40)
$\ln LI$	-0.518^{***}	-0.538^{***}	-1.402^{***}
	(-5.29)	(-5.67)	(-6.32)
$\ln EX$	0.832^{***}	0.652^{***}	0.0205
	(6.09)	(5.45)	(0.14)
$\ln IM$	-0.371^{***}	-0.432^{***}	-0.0263
	(-3.43)	(-4.22)	(-0.17)
$\ln IT$	-0.148	-0.139	0.0559
	(-0.75)	(-0.69)	(0.06)
$\ln HK$	0.282	0.233	0.146
	(0.98)	(0.82)	(0.15)

续表

被解释变量	（1）	（2）	（3）
lnSRV	3.036	3.293	5.901
	(1.27)	(1.35)	(0.55)
ln$GERD$	0.760	0.724	−0.582
	(1.05)	(0.99)	(−0.19)
ln$GOVRD$	−0.880	−0.905	−2.085
	(−1.49)	(−1.50)	(−0.78)
常数项	−5.163	−6.772	−9.479
	(−0.66)	(−0.85)	(−0.28)
观测值	220	220	220
拟合优度	0.546	0.541	0.228

注：参数估计值下面括号中的数字表示 t 检验值。$*$、$**$、$***$ 分别代表参数估计值在10%、5%、1%的置信水平上显著。

**表9-6　中国行业层面研发效率影响因素间接效应
回归结果（产出变量为专利申请数）**

被解释变量	（1）	（2）	（3）
LnL	0.695$***$	0.516$**$	0.788$***$
	(3.12)	(2.51)	(3.15)
LnK	0.544$***$	0.577$***$	0.139
	(4.22)	(4.57)	(0.49)
lnRI	−0.341$***$	−0.322$***$	0.656$***$
	(−3.18)	(−3.02)	(3.24)
lnLI	−0.705$***$	−0.527$**$	0.116
	(−3.23)	(−2.57)	(0.52)
lnEX	0.249$*$	0.0842	−0.0351
	(1.73)	(0.65)	(−0.27)
lnIM	0.0917	0.0669	−0.347$***$
	(0.80)	(0.62)	(−2.71)
lnIT	−0.205	−0.147	−1.076
	(−0.96)	(−0.69)	(−1.57)

续表

被解释变量	(1)	(2)	(3)
ln*HK*	0.741**	0.662**	3.151***
	(2.27)	(2.13)	(3.84)
ln*SRV*	5.287**	4.875*	12.70
	(2.07)	(1.90)	(1.53)
ln*GERD*	−0.341	−0.404	−2.953
	(−0.45)	(−0.54)	(−1.27)
ln*GOVRD*	−1.748***	−1.797***	−1.897
	(−2.87)	(−2.92)	(−0.92)
常数项	−15.89*	−13.96	−53.01*
	(−1.76)	(−1.55)	(−1.96)
观测值	220	220	220
拟合优度	0.917	0.916	0.491

注:参数估计值下面括号中的数字表示 t 检验值。*、**、*** 分别代表参数估计值在10%、5%、1%的置信水平上显著。

从表9-5和表9-6中可以看出,在仅运用中国的数据分析中国全要素研发效率时,研发资本强度和研发人员强度对以专利申请数测度的全要素研发效率的影响仍然显著为负,且回归结果高度稳健,这一结论和我们运用世界主要国家样本时相一致。但是和运用世界主要国家样本时不一致的是,出口密集度对全要素研发效率的影响部分为正,但是结果并不稳健,代表中国部分行业通过近年来的对外开放和出口贸易带来了全要素研发效率的提升,这一点比较符合中国现阶段的现实情况,改革开放以来,中国利用国外先进技术,促进国内行业的技术水平和研发能力的发展,并带来了全要素研发效率的提升。至于国家层面的影响因素,有部分因素回归不是很显著,如互联网发展程度对中国全要素研发效率的影响就不显著,这一点也比较容易理解。影响世界范围内国家层面研发效率的因素并不一定也会影响中国,而且国家层面的影响因素并不一定能完全反映中国的行业特征,因此其结果不显著也比较符合中国的现实情况。

在产出变量为工业增加值时研发效率影响因素直接效应和间接效应回归结果分别如表9-7和表9-8所示。

表9-7 中国行业层面研发效率影响因素直接效应
回归结果(产出变量为工业增加值)

被解释变量	(1)	(2)	(3)
ln*RI*	−0.358***	−0.416***	−0.799***
	(−11.76)	(−13.16)	(−17.75)
ln*LI*	−0.327***	−0.394***	−0.265***
	(−11.01)	(−13.63)	(−6.82)
ln*EX*	0.0481	−0.0591*	−0.159***
	(1.16)	(−1.81)	(−6.29)
ln*IM*	0.133***	0.0895***	0.225***
	(4.05)	(2.93)	(8.30)
ln*IT*	0.0912	0.125*	0.200
	(1.52)	(1.90)	(1.29)
ln*HK*	0.100	−0.110	−0.434**
	(1.15)	(−1.25)	(−2.47)
ln*SRV*	−1.816**	−1.743**	−2.562
	(−2.50)	(−2.18)	(−1.37)
ln*GERD*	0.0822	0.356	0.444
	(0.37)	(1.51)	(0.84)
ln*GOVRD*	−0.291	−0.339*	−0.716
	(−1.62)	(−1.71)	(−1.54)
常数项	15.22***	15.29***	20.19***
	(6.39)	(5.86)	(3.35)
观测值	220	220	220
拟合优度	0.802	0.786	0.746

注:参数估计值下面括号中的数字表示 t 检验值。*、**、*** 分别代表参数估计值在10%、5%、1%的置信水平上显著。

表9-8 中国行业层面研发效率影响因素间接效应
回归结果(产出变量为工业增加值)

被解释变量	(1)	(2)	(3)
LnL	0.259***	0.246***	0.205***
	(4.37)	(4.73)	(3.66)
LnK	0.469***	0.472***	0.738***
	(13.71)	(13.94)	(11.69)
lnRI	−0.336***	−0.368***	−0.806***
	(−11.78)	(−12.64)	(−17.79)
lnLI	−0.237***	−0.247***	−0.205***
	(−4.08)	(−4.74)	(−4.15)
lnEX	0.106***	0.0518	−0.135***
	(2.77)	(1.60)	(−4.67)
lnIM	0.0943***	0.0902***	0.216***
	(3.11)	(3.22)	(7.55)
lnIT	0.122**	0.143**	0.175
	(2.15)	(2.43)	(1.14)
lnHK	0.0223	−0.0732	−0.436**
	(0.26)	(−0.88)	(−2.38)
lnSRV	−1.313*	−1.381*	−2.375
	(−1.94)	(−1.94)	(−1.28)
ln$GERD$	0.435**	0.554***	0.656
	(2.16)	(2.69)	(1.26)
ln$GOVRD$	−0.529***	−0.558***	−0.613
	(−3.27)	(−3.26)	(−1.33)
常数项	15.11***	15.62***	19.78***
	(6.28)	(6.32)	(3.27)
观测值	220	220	220
拟合优度	0.985	0.984	0.810

注:参数估计值下面括号中的数字表示 t 检验值。*、**、***分别代表参数估计值在10%、5%、1%的置信水平上显著。

表9-7和表9-8分别为产出变量为工业增加值时的直接效应回归结果和间接效应回归结果,和表9-5、表9-6结果对比可知,各变量的回归结果在显著性和稳健性的影响上基本保持一致,研发资本强度和研发人员强度的影响仍然显著为负,但出口密集度对以工业增加值为产出的行业层面全要素研发效率的影响并不显著。此外,进口密集度对以工业增加值为产出的行业全要素研发效率有显著的正向影响,代表中国能够通过进口来吸收国外的先进技术,从而促进经济增长和发展。互联网发展程度对以工业增加值为产出的全要素研发效率的影响显著为正,这一点和产出变量为专利申请数时不一致,代表中国互联网发展程度显著地促进了以工业增加值为产出的全要素研发效率的提高,这一点可能是对于中国这样的发展中国家而言,互联网运用在对产出增加值的促进作用比运用在研发上的效果更加明显导致。其他变量的回归结果基本上和利用世界各国的数据得出的结果一致。总之,研究结果表明,除了个别因素以外,影响世界范围内行业层面的因素同样也影响了中国。

第六节　行业层面研发效率影响因素总结

本章运用中国与世界主要国家行业层面的三维面板数据分析了中国与世界主要国家(地区)行业层面的全要素研发效率的影响因素。从本章的回归结果中可以得到如下基本结论:当采用行业层面的数据进行分析时,结果表明,研发人员强度和研发资本强度对全要素研发效率有显著的负向影响,出口密集度和进口密集度对全要素研发效率影响不显著。国家层面的影响因素回归结果和运用国家层面数据分析时基本保持一致,人力资本和互联网发展程度有显著正的影响,但是政府研发支出比例和国家层面结果不一致,影响为负,G7国家有着比非G7国家更高的全要素研发效率。

本章的回归结果由于受到数据和样本选择的影响,并不能找到研发效率行业层面所有的影响因素,结合行业层面的影响因素的回归结果可以看出:人力资本和互联网发展程度对全要素研发效率的影响都是显著为正的，研发资本强度和研发人员强度提高并不一定会带来全要素研发效率的显著增加。

通过本章的分析我们可以看出，研发活动具有高度的不确定性，而且并不一定具备规模经济性；但是，研发效率仍然可以通过诸如人力资本投资和互联网发展等研发基础设施的建设带来提高。

第十章　提升中国研发效率、促进研发资源有效利用对策建议

改革开放四十多年来,中国经济快速发展,已经成功从低收入国家迈进了中等收入国家;但是,在经济社会发生深刻变化和高度转型的时代背景下,仅仅依靠要素驱动的经济增长模式难以为继,创新驱动增长已经成为中国经济的新增长点。创新驱动增长,就是要依靠技术来推动经济增长,但是,全要素生产率在内生经济增长理论里被内生化为企业和政府的研发投资行为,由此,我们可以得到研发投资—全要素生产率增长—经济增长的创新驱动经济增长模式。缩小中国与世界领先国家研发效率上的差距、合理有效利用研发资源,以研发资源的有效利用促进技术的进步升级,在技术上取得世界领先地位,提高研发效率和技术创新的效率,促进经济发展,这是各国政府一直努力追求的发展目标。在实现这一目标过程中,一些国家充分利用自身的优势,提高研发效率和生产率,成功把资源转移到经济发展上,然而却有大部分国家在这一过程中以失败告终。分析现阶段中国的研发资源利用和技术发展现状,能够为中国实施创新驱动发展战略、建设创新型国家提供参考和借鉴。

本章旨在通过前文研发效率的相关影响因素的理论和实证分析结论,从阻碍中国研发效率增长的因素出发,解决中国在研发效率提升方面的不足,并提出相应的对策建议。

第一节　在加大研发投入的同时
注重利用效率的提升

　　本书相关研究表明,研发资源一方面可以促进研发效率和生产率的增长,另一方面是吸收能力的重要考量指标。本书的研究结论还揭示:由于发达国家的技术垄断,在核心领域的技术是难以通过知识外溢等手段获取的。因此要提升技术水平、提高研发效率,关键还是要靠自主研发投入。中国政府一直以来高度重视自主研发在技术进步中的作用,中国的研发经费投入在过去几十年间一直保持着持续高速增长的态势。但是,与此同时,我们仍要十分重视研发资源的利用效率问题。从本书对中国过去几十年间的历史数据剖析及国际比较中可以看出,中国的研发资源利用效率在研发投入逐步增长的情况下虽也有所上升,研发产出无论是从数量上还是质量上都有较为明显的进步;但是研发产出在质量上与技术领先国家相比仍然有一定的差距,以部分产出指标衡量的研发效率仍然较为低下,中国从创新大国到创新强国的转变仍然任重而道远。

　　在短期内要提高研发效率,我们还可以做到以下两个方面。

　　第一,现阶段中国比较理想的是以研发强度为研发经费投入目标,目前力争使中国的研发投入占 GDP 的比重接近于美国的水平,未来力争使中国研发投入占 GDP 的比重超过日本,占据世界第一的位置。持续不断增加中国的研发投入,对增强中国的技术基础、吸引高端科技人才、消除研发的边际报酬递减规律有着重要的作用。

　　第二,除了投入研发资源外,还应注意研发结构的调整,以期做到合理利用研发资源,将其研发资源投入到更能发挥效率的区域、产业中来,也要注重对基础领域的研发,中国的基础研发经费投入在总投入中的比重比美国、日本等发达国家低,这一方面应有所调整,使得基础研发投入比重上升,从而为提升研发效率提供知识储备。

第二节　在加大专利申请数的同时
注重专利的国际化

本书的研究表明,作为研发产出的重要衡量指标,专利申请数是一国在技术领域的重要竞争手段,也是一国科技实力的重要体现。近年来,伴随着中国科技实力的提升,中国的专利申请数也呈现出井喷式的增长趋势。但是,比较容易让人忽视的一点是,中国的专利数量虽然显著地提升,但是中国专利的质量不高。虽然中国的专利申请数在不断地增长,但是都仅限于在中国境内申请授权和保护的专利。限于统计资料的缺失,本书虽然未对中国境内专利申请授权和保护进行行业层面数量上的统计,但是已有的研究表明中国境内专利申请普遍存在专利质量不高的问题,如中国专利以实用新型和外观设计专利为主,发明专利占专利申请数比重在 2015 年才首次超过 20%,2018 年也才达到 36%,但发明专利的投入成本高,研发难度大,是专利质量最高的专利类型。另外,中国的专利申请者大多数在中国境内寻求专利保护,在国外进行保护的专利不多。这一点从本书对行业层面的研发效率评价结果中可以看出来,中国各行业在国际专利、美国专利、欧洲专利申请数量上与美国、日本、德国等国家相比仍然有不小的差距。这就表明,中国需要进一步提升专利的国际化水平,注重专利的国际化储备,这对提高中国的知识存量、应对技术封锁、应对中美贸易摩擦等都有着重要的战略意义。

为此,我们建议中国可以在如下方面进行政策上的探索。

第一,积极鼓励相关企业和个人在国外申请相关专利。提升对国外专利进行保护的相关激励措施,落实中国的外国专利储备制度,对申请到国外专利的企业给予资金上的扶持。政府等相关职能部门还可以从政策上、法规上、申请过程等各方面给予相应的培训和指导,积极引导企业申请国外专利。

第二,建立健全合理的知识产权保护机制,中国企业如需"走出去",扩大国外市场份额,特别是在高新技术领域有所发展,必须建立健全合理的知识产权保护机制。技术领先国家的知识产权保护机制较为完善,专利申请的复杂程度也较高,中国相关企业对国外专利申请的认识还不够深刻。因此,要提升中国企业专利的国际化水平,可以从本国的专利保护制度上进行改变,以与国际专利保护标准接轨,这样便于中国企业"走出去",在国外市场获得充足的专利储备。

第三节　在加大人力资本的同时提高吸收能力

通过本书对研发效率的影响因素理论研究和实证研究可以看出,社会能力、吸收能力和技术能力等一系列影响研发效率的能力指标会对研发效率产生重要的影响,人力资本作为衡量社会能力、吸收能力、技术能力的重要指标,对提高一国研发效率有着重要的作用。

本书的研究表明,中国研发人员投入具有显著的冗余,这是因为在大多数发展中国家研发人员具备专利生产能力的并不多,研发人员投入对专利产出并不具有显著的影响。但是研发人员是科研创新的主体,是科研创新的关键因素,在科研创新过程中,研发人员是最具有创造性的因素和最活跃的核心资源,所以中国应加强对研发人员的重视和培养,这种培养应该从研发人员质量上入手,而提升研发人员的质量,需要对其进行全面、系统的培养。为此,中国可以从如下几个方面入手。

第一,加强教育投入力度,提高人口素质。教育投入强度对人力资本的提高具有显著性的作用,不断加大教育投入,是培养科技人才的前提条件。2018年,中国的教育投入占 GDP 比重为 4.11%,要使中国的教育水平达到发达国家水平,中国还需要不断增加对教育的投入强度。教育投入的增加一方面可以改善中国的劳动力结构,使得研发活动中融入更多高素质劳动力,从而提高研发效率;另一方面也可以引进先进技术以及人力资源,为中国研究发展注入新鲜力量,营造巨大的发展空间。

第二,调整中国的教育投入结构。不仅大力发展职业教育、技能教育,引进先进技术设备,培养高科技人才,掌握核心技术和核心能力;同时,也要高度重视基础教育投入。伴随着经济的发展,中国经济结构不断转型升级,对技能工人的需求也逐渐增加,而中国在技能教育方面的重视程度不够,资金分配在技能教育上的比例也较低,这种情况不利于研发效率的提升。同时基础教育和基础研究也是一国科技实力的重要体现,因此合理分配教育投入资金,可以有效利用资源,真正提高人力资本素质,从而缩小与发达国家的技术差距。

第四节　提升研发基础设施建设，
带动创新的协调发展

本书的研究表明,互联网发展程度等研发基础设施的建设对研发效率的提升有着显著的作用,一国应加大互联网等研发基础设施的建设,这些研发基础设施一方面可以带来信息和技术的快速流通,另一方面也使得研发资源的利用效率更高。

中国互联网发展程度仍然不够高。截至 2018 年 12 月,中国的互联网普及率为 59.6%,超过全球平均水平,但是与世界领先国家相比仍然有一定的差距。同时,在互联网普及方面,截至 2018 年 12 月,城乡差距仍然十分明显,农村地区互联网的运用和城市地区相差 36.72%,互联网发展应该在全国范围内进行,"提速降费"应落实,使中国全面迈入信息时代,在信息技术充分利用的基础上会使得研发资源的利用效率更高。为此,中国可以在政策下作出如下探索。

第一,继续加大互联网基础设施建设,提升"互联网+"知识产业对技术创新的主导作用。目前中国信息通信业发展环境正在发生巨大变化,"互联网+"和信息通信业的发展对互联网的基础设施要求进一步提高,中国的互联网产业虽然高速发展,但是在互联网利用、互联网访问的便捷程度和网络速度方面与发达国家相比有一定的差距,因此,我们要加强"互联网+"基础设施建设,提高互联网服务知识产业的能力,在增加知识产业产值的同时提高研发效率。

第二,继续适度扩大互联网的开放程度,以便进一步吸收国外的先进技术和知识。中国互联网和研发产业的融合方面仍然不足,主要体现在互联网对研发产业的设计、生产、融资和流通等各个环节的渗透和应用不够。目前,中国的互联网发展虽然达到了世界中等水平,但是在互联网开放上与发达国家相比仍然有一定的差距,互联网在利用新知识的传播速度和便捷程度上有待进一步提高,因此,在保证国家安全的前提下适度扩大互联网开放,这有利于研发效率的提高。

第五节　根据研发效率选择合适的创新主导产业

本书的研究表明,在提升研发效率方面,高新技术产业和服务业可以通过对其他产业带来的技术外溢效应来提升研发效率,因此,创新产业的选择十分重要。目前中国的产业结构仍然没有显示出强劲的技术优势,中国部分产业没有相应的国际专利储备,也没有显示出强劲的研发实力,中国的产业结构仍然以工业为主,在信息服务产业及高新技术产业占比上和发达国家相比仍然有一定的差距,中国对高新技术的外资吸引力仍然不足,在一些核心技术的引入方面,政府所起的引导作用并不明显,这使得中国核心技术仍然受制于人,中国主导产业对技术创新带动不足这一问题仍然未发生根本改变。但是中国也面临着两难问题:如果依据比较优势,中国的部分高新技术产业并不具备比较优势,因此,研发资源利用效率上必然不高;但是这些产业又十分重要,因此,如何培育合适的主导产业十分重要。

中国相关政策在主导产业培育上仍然未起到决定性作用。日本、韩国等国家政府通过利用外资,培育具备国际竞争力的主导产业,促进国内相关产业的更新升级的主导模式比较明显。中国在制定产业政策的过程中,对于高新技术产业的培育较弱,企业未能具备一定的技术辐射能力,也未取得技术领先地位,因此,导致中国目前的研发效率仍然不高。为此,我们提出如下建议。

第一,进一步调整产业结构,将研发资源投入到能够产生主导作用且未来可以发展起来的产业上,通过促进相关产业的发展,提高中国在先进技术、先进知识上的开发能力,同时,积极创造良好的技术基础设施,培养一些真正能为主导产业服务的技术基础。

第二,发挥政府主导性作用,根据中国的比较优势扶持一些战略性产业。政府在某些能产生巨大技术辐射效用的产业方面,应对其采取鼓励的态度,积极引进培育一些蕴含高新技术的产业,要注重在"引进来"后对其进行学习模仿,提升本国的相关产业研发效率和技术水平。

第六节　注重研发资本投入和研发人员投入的协调发展

本书的研究充分表明,在大多数发达国家及产业中,人员投入和资本投入具有高度的一致性,如果要带来研发产出的持续增加,仅依赖研发资本投入是不够的,还需要相应的研发人员投入。片面依赖于研发经费投入,容易忽视研发人员的投入,使得研发人员投入的增长对研发产出的增长作用并不十分显著。中国的研发人员存在大量冗余,部分研发人员并没有发挥其应有的作用,因此,要采取一系列措施激励研发资本投入和研发人员投入的协调发展。特别是要将研发人员流动到最能激发研发活力的地方,这样才能带来研发效率的提升。为此,我们提出如下建议。

第一,建立合理的研发人员激励系统。由于中国仍然存在着研发人员流动的限制,因此部分研发人员并不能合理地转移到相应的最能实现高效率的地方,从而造成了研发人员的冗余,研发人员的效率并不能发挥出来。为此,应该设置合理的研发人员激励系统。首先,在制度上应完善专业研发人员招聘选拔工作,加强对研发人员研发能力的辨别能力;建立有效的激励机制,让研发人员长期保持学习和研发的精神;并且还应该注重对研发人员研发能力的绩效考核,激发研发人员的研发动力。其次,在教育上,高校等研发部门应注重培养研发人员个人素质,不仅包括对专业知识技能与文化素质的培养,还应包括对创造性思维、市场观念、职业道德等的培养;另外还需激发研发人员研发思维,对多种思维方式有意识地进行训练;而且研发人员要注意研发技术经验积累,利用前人的知识和智慧,这样研发过程才能少走弯路。

第二,注重研发人员和研发资本的协调均衡投入。研发人员要提高其研发效率,带来研发产出的最大化,除了需要自身具备一定的研发实力外,还必须依赖于研发资本的高质量投入。即使一国引进了具有高水平的研发人员,如果没有相应的研发资本投入,该研发人员也不能发挥出其潜能和效率。同时,由于研发是具有高度不确定性的,如果不能保障对研发人员在经费和设备上的支持,就会使得研发人员在研发时有所顾忌、研发动力不足、研发成果不突出。因此,在合理地评价研发人员能力基础上,通过给予相应的研发资本配套,对提升研发效率有重要作用。

第七节 建立技术转移机制,推动创新成果产业化

本书的研究表明,研发产出除了专利产出外,市场化的指标也是一个重要的衡量标准。但是,在市场化的指标上,并不是所有国家所有行业的市场化进程都对研发效率有促进作用,根据本书的结论,如果一个产业在国际专利等方面储备不够,盲目地发展该产业反而会使得相应的研发资源浪费严重。因此,

促进产学研的相互融合,推动相关创新成果产业化发展,是极具意义的。

另外,本书还揭示了部分国家在研发专利产出和研发的经济绩效方面存在脱钩问题,即研发专利产出并不一定能带来研发的经济绩效,部分专利储备较多的国家其产出不一定高。为此,我们认为,一个行之有效的手段是要推动研发成果的产业化。为此,政府应该在如下方面作出改变。

第一,健全技术转移机制。技术转移是实现创新成果产业化的基本途径,能真正带来技术进步,实现科研成果的效率化。通过对技术领先国家的经验总结分析,注重产学研结合,加强成果转化机制和平台建设,健全技术市场的建设,注重技术开发、转让及集成化服务等技术交易市场的建设,能够使研发效率不断提升,使技术有真正的市场应用价值。进一步健全技术转移机制,加快推动研发成果产业化,是中国目前亟待解决的问题。

第二,注重产学研结合。从技术领先国家的经验可以看出,技术领先国家高度重视科研成果和市场的紧密结合,企业作为连接市场和创新的关键条件,能够准确把握市场对创新的需求。在成果评价上,应用研究由用户和专家等第三方评价,注重考察研发成果的边际贡献率,着重考察科技成果在市场化的应用情况,考察科技成果的产业化开发情况,评价应用研究对产业发展的实质性贡献。通过这些评价分析,引导市场在技术创新领域的发展,从而达到提升研发效率的作用。

通过这一章的分析可以看出,要提高研发效率,缩小中国与发达国家之间的差距,要从以下几个方面着手:一是加大研发投入强度,调整研发投入结构;二是调整教育结构,提升研发人员人力资本;三是通过加大互联网发展程度创建技术基础;四是通过调整产业结构培育主导产业;五是通过市场引导技术创新,转移技术创新发展方向。

当然,还有很多促进研发效率提升的政策,比如政府可以在提升知识产权保护力度、促进产学研结合、加大研发成果转化方面,制定一系列相关政策等。但限于本书的研究内容,对此并未一一涉及。

通过本书的实证研究和理论研究均可以看出，中国在研发投入仍然有限的情况下要做到研发资源的有效配置和利用，需要制定出合理的规划。目前来看，中国的研发效率仍然有很大的提升空间，中国仍然存在研发资源的不合理配置和研发人员的冗余等现象。虽然由于研发的不确定性和研发的边际报酬递减规律，研发效率的提升并不容易；但在目前中国创新驱动发展战略的大背景下，研发效率的提升刻不容缓，而且中国必须合理利用研发资源，全面构建国家创新体系，做到在核心和关键技术上有所突破，不再受制于人，并能有所创新。这样才能为中国转变经济增长方式、实施创新驱动发展战略、建设创新型国家奠定坚实基础。

参 考 文 献

[1][英]约翰·伊特韦尔等编:《新帕尔格雷夫经济学大辞典》第四卷,刘登翰译,经济科学出版社 1996 年版。

[2][美]布朗温·H.霍尔、内森·罗森伯格主编:《创新经济学手册》全二卷,上海市科学学研究所译,上海交通大学出版社 2017 年版。

[3]白俊红、江可申、李婧:《应用随机前沿模型评测中国区域研发创新效率》,《管理世界》2009 年第 10 期。

[4]蔡昉、王德文:《中国经济增长可持续性与劳动贡献》,《经济研究》1999 年第 10 期。

[5]陈昌曙:《从哲学的观点看科学向技术的转化》,《哲学研究》1994 年第 11 期。

[6]陈勇、李小平:《中国工业行业的面板数据构造及资本深化评估:1985 —2003》,《数量经济技术经济研究》2006 年第 10 期。

[7]程时雄、柳剑平、龚兆鋆:《中国工业行业节能减排经济增长效应的测度及影响因素分析》,《世界经济》2016 年第 3 期。

[8]程时雄、柳剑平:《中国工业行业 R&D 投入的产出效率与影响因素》,《数量经济技术经济研究》2014 年第 2 期。

[9]程时雄、柳剑平:《中国节能政策的经济增长效应与最优节能路径选择》,《资源科学》2014 年第 12 期。

[10]冯根福、刘军虎、徐志霖:《中国工业部门研发效率及其影响因素实证分析》,《中国工业经济》2006 年第 11 期。

[11]冯宗宪、王青、侯晓辉:《政府投入、市场化程度与中国工业企业的技术创新效率》,《数量经济技术经济研究》2011 年第 4 期。

[12]葛小寒、陈凌:《国际 R&D 溢出的技术进步效应——基于吸收能力的实证研究》,《数量经济技术经济研究》2009 年第 7 期。

[13]眭纪刚:《科学与技术:关系演进与政策涵义》,《科学学研究》2009 年第 6 期。

[14]赖明勇、张新、彭水军:《经济增长的源泉:人力资本、研究开发与技术外溢》,《中国社会科学》2005 年第 2 期。

[15]李小平、卢现祥:《国际贸易、污染产业转移和中国工业 CO_2 排放》,《经济研究》2010 年第 1 期。

[16]李小平、朱钟棣:《国际贸易、R&D 溢出和生产率增长》,《经济研究》2006 年第 2 期。

[17]林毅夫、蔡昉、李周:《对赶超战略的反思》,《战略与管理》1994 年第 6 期。

[18]林毅夫、刘培林:《经济发展战略对劳均资本积累和技术进步的影响——基于中国经验的实证研究》,《中国社会科学》2003 年第 4 期。

[19]林毅夫、任若恩:《东亚经济增长模式相关争论的再探讨》,《经济研究》2007 年第 8 期。

[20]刘顺忠、官建成:《区域创新系统创新绩效的评价》,《中国管理科学》2002 年第 1 期。

[21]刘则渊、孙延臣:《技术跨越概念辨析》,《科技进步与对策》2004 年第 4 期。

[22]柳剑平、程时雄:《中国 R&D 投入对生产率增长的技术溢出效应——基于工业行业(1993—2006 年)的实证研究》,《数量经济技术经济研究》2011 年第 11 期。

[23]柳剑平、程时雄:《中国经济增长的驱动力及其国际比较》,《海派经济学》2013 年第 2 期。

[24]柳剑平、程时雄:《自主 R&D 投入、国际技术外溢和全要素生产率增长——基于中国高技术产业(1996—2006 年)的实证分析》,《学术研究》2011 年第 1 期。

[25]柳剑平、龚兆鋆、程时雄:《中国不同地区环境全要素生产率增长及收敛分析》,《学习与实践》2016 年第 10 期。

[26]柳剑平、龚兆鋆、程时雄:《中国技术不平衡的统计测度与分解》,《统计与决策》2016 年第 24 期。

[27]陆剑、柳剑平、程时雄:《中国与 OECD 主要国家工业行业技术差距的动态测度》,《世界经济》2014 年第 9 期。

[28]罗亚非、王海峰、范小阳:《研发创新绩效评价的国际比较研究》,《数量经济技术经济研究》2010 年第 3 期。

[29]马庆国、胡隆基:《技术跨越概念的定义研究》,《科研管理》2007 年第 5 期。

[30]彭水军、包群、赖明勇:《技术外溢与吸收能力:基于开放经济下的内生增长模型分析》,《数量经济技术经济研究》2005年第8期。

[31]生延超:《后发技术赶超研究述评》,《管理学刊》2010年第2期。

[32]生延超:《日本、韩国的技术赶超及其对中国的启示》,《中国科技论坛》2009年第6期。

[33]生延超:《要素禀赋、中间产品与技术赶超作用机理》,《财贸研究》2008年第3期。

[34]唐要家、唐春晖:《竞争、所有权与中国工业行业技术创新效率》,《上海经济研究》2004年第6期。

[35]涂正革、肖耿:《中国的工业生产力革命——用随机前沿生产模型对中国大中型工业企业全要素生产率增长的分解及分析》,《经济研究》2005年第3期。

[36]涂正革、肖耿:《中国工业增长模式的转变——大中型企业劳动生产率的非参数生产前沿动态分析》,《管理世界》2006年第10期。

[37]涂正革、肖耿:《中国经济的高增长能否持续:基于企业生产率动态变化的分析》,《世界经济》2006年第2期。

[38]王兵、颜鹏飞:《技术效率、技术进步与东亚经济增长——基于APEC视角的实证分析》,《经济研究》2007年第5期。

[39]王玲、Adam Szirmai:《高技术产业技术投入和生产率增长之间关系的研究》,《经济学(季刊)》2008年第3期。

[40]吴和成:《高技术产业R&D效率分析》,《研究与发展管理》2008年第5期。

[41]吴晓波、陈宗年、曹体杰:《技术跨越的环境分析与模式选择——以中国视频监控行业为例》,《研究与发展管理》2005年第1期。

[42]吴晓波、黄娟、郑素丽:《从技术差距、吸收能力看FDI与中国的技术追赶》,《科学学研究》2005年第3期。

[43]吴晓丹、陈德智:《技术赶超研究进展》,《科技进步与对策》2008年第11期。

[44]吴延兵:《R&D存量、知识函数与生产效率》,《经济学(季刊)》2006年第3期。

[45]吴延兵:《R&D与生产率——基于中国制造业的实证研究》,《经济研究》2006年第11期。

[46]吴延兵:《中国地区工业知识生产效率测算》,《财经研究》2008年第10期。

[47]吴延兵:《中国工业R&D产出弹性测算(1993—2002)》,《经济学(季刊)》2008年第3期。

[48]吴延兵:《自主研发、技术引进与生产率——基于中国地区工业的实证研究》,《经济研究》2008 年第 8 期。

[49]吴延瑞:《生产率对中国经济增长的贡献:新的估计》,《经济学(季刊)》2008 年第 3 期。

[50]夏良科:《人力资本与 R&D 如何影响全要素生产率——基于中国大中型工业企业的经验分析》,《数量经济技术经济研究》2010 年第 4 期。

[51][美]约瑟夫·熊彼特:《经济发展理论》,郭武军、吕阳译,华夏出版社 2015 年版。

[52]向铁梅、黄静波:《国民经济行业分类与国际标准产业分类中制造业大类分类的比较分析》,《对外经贸实务》2008 年第 11 期。

[53]闫冰、冯根福:《基于随机前沿生产函数的中国工业 R&D 效率分析》,《当代经济科学》2005 年第 6 期。

[54]颜鹏飞、王兵:《技术效率、技术进步与生产率增长:基于 DEA 的实证分析》,《经济研究》2004 年第 12 期。

[55]杨文举:《技术效率、技术进步、资本深化与经济增长:基于 DEA 的经验分析》,《世界经济》2006 年第 5 期。

[56]姚志坚:《技术跨越能力的实证研究》,《科研管理》2003 年第 6 期。

[57]姚志坚:《能力空间与技术跨越能力的积累》,《科学学研究》2003 年第 3 期。

[58]易先忠、张亚斌:《技术差距、知识产权保护与后发国技术进步》,《数量经济技术经济研究》2006 年第 10 期。

[59]张海洋:《R&D 两面性、外资活动与中国工业生产率增长》,《经济研究》2005 年第 5 期。

[60]张海洋:《我国工业 R&D 生产效率和影响因素——基于省级大中型工业数据的实证分析》,《科学学研究》2008 年第 5 期。

[61]张军、吴桂英、张吉鹏:《中国省际物质资本存量估算:1952—2000》,《经济研究》2004 年第 10 期。

[62]张军、章元:《对中国资本存量 K 的再估计》,《经济研究》2003 年第 7 期。

[63]张亚斌、易先忠、刘智勇:《后发国家知识产权保护与技术赶超》,《中国软科学》2006 年第 7 期。

[64]郑士贵:《21 世纪中国科技发展战略与体制改革》,《管理科学文献》1998 年第 7 期。

[65]郑玉歆:《全要素生产率的测算及其增长的规律——由东亚增长模式的争论

谈起》,《数量经济技术经济研究》1998 年第 10 期。

[66]钟祖昌:《研发创新 SBM 效率的国际比较研究——基于 OECD 国家和中国的实证分析》,《财经研究》2011 年第 9 期。

[67]朱有为、徐康宁:《研发资本累积对生产率增长的影响——对中国高技术产业的检验(1996—2004)》,《中国软科学》2007 年第 4 期。

[68]朱有为、徐康宁:《中国高技术产业研发效率的实证研究》,《中国工业经济》2006 年第 11 期。

[69]左大培、杨春学主笔:《经济增长理论模型的内生化历程》,中国经济出版社2007 年版。

[70]Abramovitz M., "Catching Up, Forging Ahead, and Falling Behind", *Journal of Economic History*, Vol.46, No.2, 1986.

[71]Aghion P., Howitt P., "A Model of Growth Through Creative Destruction", *Econometrica*, Vol.60, No.2, 1992.

[72]Aghion P., Howitt P., Mayerfoulkes D., "The Effect of Financial Development on Convergence: Theory and Evidence", *DEGIT Conference Papers*, *DEGIT*, *Dynamics*, *Economic Growth*, *and International Trade*, 2005.

[73]Aghion P., Howitt P., "On the Macroeconomic Effects of Major Technological Change", *Annales Déconomie Et De Statistique*, Vol.3, No.49/50, 1998.

[74]Albert Guangzhou H.U., Jefferson G.H., "Returns to Research and Development in Chinese Industry: Evidence from State-owned Enterprises in Beijing", *China Economic Review*, Vol.15, No.1, 2004.

[75]Andersen P., Petersen N.C., "A Procedure for Ranking Efficient Units in Data Envelopment Analysis", *INFORMS*, 1993.

[76]Arnold R., "R&D and Productivity Growth", *OECD Economic Studies*, 2001.

[77]Banker R.D., Charnes A., Cooper W.W., "Some Models for Estimating Technical and Scale Inefficiencies in Data Envelopment Analysis", *Management Science*, Vol.30, No.9, 1984.

[78]Barro R.J., Lee J.W., "A New Data Set of Educational Attainment in the World, 1950-2010", *Journal of Development Economics*, Vol.104, No.15902, 2013.

[79]Battese G.E., Coelli T.J., "Frontier Production Functions, Technical Efficiency and Panel Data: With Application to Paddy Farmers in India, International Applications of Productivity and Efficiency Analysis", *Springer Netherlands*, 1992.

[80]Battese G.E.,Coelli T.J.,"A Model for Technical Inefficiency Effects in a Stochastic Frontier Production Function for Panel Data",*Empirical Economics*,Vol.20,No.2,1995.

[81]Barro R.J.,Blanchard O.J.,Hall R.E.,"Convergence Across States and Regions", *Papers*,No.1,1991.

[82]Barro R.J.,"Economic Growth in a Cross Section of Countries",*Quarterly Journal of Economics*,Vol.106,No.2,1991.

[83] Barcenilla-Visús S., López-Pueyo C., "Macroeconomic Competitiveness in the Europe of the Twelve:An Application to 1969-1993",*International Advances in Economic Research*,Vol.6,No.4,2000.

[84] Baumol W. J., Wolff E. N., "Productivity Growth, Convergence, and Welfare: Reply",*American Economic Review*,Vol.78,No.5,1988.

[85] Baumol W. J., "Productivity Growth, Convergence, and Welfare: What the Long-Run Data Show",*American Economic Review*,Vol.76,No.5,1986.

[86] Bernard A. B., Jones C. I., "Comparing Apples to Oranges: Productivity Convergence and Measurement Across Industries and Countries:Reply",*American Economic Review*,Vol.86,No.5,2001.

[87] Bernard A.B., Jones C.I., "Productivity Across Industries and Countries: Time Series Theory and Evidence",*General Information*,Vol.78,No.1,1996.

[88]Bernard A.B.,Jones C.I.,"Technology and Convergence",*Economic Journal*,Vol.106,No.437,2002.

[89]Briec W.,"More Evidence on Technological Catching-up in the Manufacturing Sector",*Applied Economics*,Vol.43,No.18,2011.

[90]Broadberry S.N.,"Manufacturing and the Convergence Hypothesis:What the Long Run Data Show",*Journal of Economic History*,Vol.53,No.4,1993.

[91] Brezis E. S., Krugman P. R., Tsiddon D., "Leapfrogging in International Competition:A Theory of Cycles in National Technological Leadership",*American Economic Review*,Vol.83,No.5,1993.

[92]Cameron G.,Proudman J.,Redding S.,"Technological Convergence,R&D,Trade and Productivity Growth",*European Economic Review*,Vol.49,No.3,2005.

[93]Carrionisilvestre J.L.,Tomás D.B.C.,Lopezbazo E.,"Breaking the Panels:An Application to the GDP Per Capita",*Universitat de Barcelona.Espai de Recerca en Economia*, 2003.

[94] Caves D. W., Christensen L. R., Diewert W. E., "Multilateral Comparisons of Output, Input, and Productivity Using Superlative Index Numbers", *Economic Journal*, Vol.92, No.365, 1982.

[95] Caves D. W., Christensen L. R., Diewert W. E., "The Economic Theory of Index Numbers and the Measurement of Input, Output, and Productivity", *Econometrica*, Vol.50, No.6, 1982.

[96] Charnes, A., Cooper, W. W., Rhodes, E., "Measuring the Efficiency of Decision Making Units", *European Journal of Operational Research*, No.2, 1978.

[97] Chen E. K. Y., "The Total Factor Productivity Debate: Determinants of Economic Growth in East Asia", *Asian Pacific Economic Literature*, Vol.11, No.1, 1997.

[98] Chen C.P., "Produce Patents or Journal Articles? A Cross-country Comparison of R&D Productivity Change", *Scientometrics*, Vol.94, No.3, 2013.

[99] Chen K., Kou M., "Staged Efficiency and its Determinants of Regional Innovation Systems: A Two-step Analytical Procedure", *Annals of Regional Science*, Vol.52, No.2, 2014.

[100] Chen K., Kou M., Fu X., "Evaluation of Multi-period Regional R&D Efficiency: An Application of Dynamic DEA to China's Regional R&D Systems", *Omega*, 2017.

[101] Chiara Franco, Fabio Pieri, Francesco Venturini, "Product Market Regulation and Innovation Efficiency", *Working Papers*, Vol.45, No.3, 2013.

[102] Coe D.T., Helpman E., "International R&D Spillovers", *European Economic Review*, Vol.39, No.5, 1995.

[103] Coelli T., Perelman S., Romano E., "Accounting for Environmental Influences in Stochastic Frontier Models: With Application to International Airlines", *Journal of Productivity Analysis*, Vol.11, No.3, 1999.

[104] Coe, D.T., Helpman, E., Hoffmaister, A. W., "International R&D Spillovers and Institutions", *European Economic Review*, Vol.53, 2009.

[105] Coe D.T., Helpman E., "International R&D Spillovers", *European Economic Review*, Vol.39, No.5, 1995.

[106] Coe D.T., Hoffmaister A. W., "Are There International R&D Spillovers Among Randomly Matched Trade Partners? A Response to Kelle", *Working Papers*, Vol. 99, No.18, 1999.

[107] Cohen W.M., "Absorptive Capacity: A New Perspective on Learning and Innovation", *Strategic Learning in a Knowledge Economy*, 2000.

[108] Cohen D., Soto M., "Growth and Human Capital: Good Data, Good Results", *Journal of Economic Growth*, Vol.12, No.1, 2007.

[109] Cook, W.D., Zhu, J., "Data Envelopment Analysis: A Handbook on the Modeling of Internal Structures and Networks", Springer US, Boston, MA.

[110] Cullmann A., Schmidtehmcke J., Zloczysti P., "Innovation, R&D Efficiency and the Impact of the Regulatory Environment: A Two-Stage Semi-Parametric DEA Approach", *Discussion Papers of Diw Berlin*, Vol.8, No.883, 2009.

[111] Cullmann, Astrid, Jens Schmidtehmcke and Petra Zloczysti, "R&D Efficiency and Barriers to Entry: A Two Stage Semi-Parametric Dea Approach", *Oxford Economic Papers*, Vol.64, No.1, 2010.

[112] Cullmann A., Zloczysti P., "R&D Efficiency and Barriers to Entry: A Two Stage Semi-parametric DEA Approach", *Cepr Discussion Papers*, Vol.64, No.1, 2012.

[113] Dunning J.H., "Trade, Location of Economic Activity and the MNE: A Search for An Eclectic Approach", *The International Allocation of Economic Activity*, Palgrave Macmillan, London, 1977.

[114] Dowrick S., Nguyen D.T., "OECD Comparative Economic Growth 1950-1985: Catch-Up and Convergence", *American Economic Review*, Vol.79, No.5, 1989.

[115] Engelbrecht H.J., "International R&D Spillovers, Human Capital and Productivity in OECD Economies: An Empirical Investigation", *European Economic Review*, Vol.41, No.8, 1997.

[116] Färe R., Grosskopf S., Lindgren B., "Productivity Developments in Swedish Hospitals: A Malmquist Output Index Approach, Data Envelopment Analysis: Theory, Methodology, and Applications", Springer Netherlands, 1994.

[117] Farrell M.J., "The Measurement of Productive Efficiency", *Journal of the Royal Statistical Society*, Vol.120, No.3, 1957.

[118] Färe R., Grosskopf S., Norris M., "Productivity Growth, Technical Progress, and Efficiency Change in Industrialized Countries: Reply", *American Economic Review*, Vol.84, No.5, 1994.

[119] Fischer M.M., Scherngell T., Reismann M., "Knowledge Spillovers and Total Factor Productivity: Evidence Using a Spatial Panel Data Model", *Geographical Analysis*, Vol.41, No.2, 2009.

[120] Franco, Chiara, Fabio Pieri, and Francesco Venturini, "Product Market

Regulation and Innovation Efficiency", *Journal of Productivity Analysis*, Vol.45, No.3, 2016.

[121] Fritsch, Michael and Viktor Slavtchev, "How Does Industry Specialization Affect the Efficiency of Regional Innovation Systems? ", *The Annals of Regional Science*, Vol.45, No. 1, 2010.

[122] Furman J. L., Porter M. E., Stern S., "The Determinants of National Innovative Capacity", *Research Policy*, Vol.31, No.6, 2002.

[123] Gaulier G., Lemoine F., Ünal-Kesenci D., "China's Integration in East Asia:Production Sharing, FDI & High-Tech Trade", *Economic Change & Restructuring*, Vol.40, No. 1, 2007.

[124] Gerschenkron A., *Economic Backwardness in Historical Perspective*, The Belknap Press of Harvard University Press, 1962.

[125] Chiara Franco, Fabio Pieri, Francesco Venturini, "Product Market Regulation and Innovation Efficiency", *Working Papers*, Vol.45, No.3, 2013.

[126] Griffith R., Redding S.J., Van Reenen J.M., "Mapping the Two Faces of R&D: Productivity Growth in a Panel of OECD Industries", *Centre for Economic Performance*, *LSE*, 2000.

[127] Griliches Z., Lichtenberg F., "Interindustry Technology Flows and Productivity Growth:A Reexamination", *Review of Economics & Statistics*, Vol.66, No.2, 1984.

[128] Griliches Z., "Issues in Assessing the Contribution of Research and Development to Productivity Growth", *Bell Journal of Economics*, Vol.10, No.1, 1979.

[129] Griliches Z., "Patent Statistics as Economic Indicators:A Survey", *Journal of Economic Literature*, Vol.28, No.4, 1990.

[130] Griliches Z., "Productivity, R&D, and the Date Constraint", *American Economic Review*, Vol.84, No.84, 1994.

[131] Griliches Z., " The Search for R&D Spillovers", *Scandinavian Journal of Economics*, Vol.94, No.94, 1998.

[132] Griliches Z., "Issues in Assessing the Contribution of Research and Development to Productivity Growth", *Bell Journal of Economics*, Vol.10, No.1, 1979.

[133] Grossman G. M., Helpman E., " Endogenous Innovation in the Theory of Growth", *Journal of Economic Perspectives*, Vol.8, No.1, 1994.

[134] Grossman G. M., Helpman E., *Innovation and Growth in the Global Economy*, *Innovation and Growth in the Global Economy*, MIT Press, 1991.

[135]Grossman G.M.,Helpman E.,"Quality Ladders in the Theory of Growth",*Review of Economic Studies*,Vol.58,No.1,1991.

[136]Guan J.,Zuo K.," A Cross‒country Comparison of Innovation Efficiency", *Scientometrics*,Vol.100,No.2,2014.

[137]Guan J.C.,Zuo K.R.,Chen K.H.,"Does Country‒level R&D Efficiency Benefit from the Collaboration Network Structure?",*Research Policy*,Vol.45,No.4,2016.

[138]Guan J.,Chen K.,"Measuring the Innovation Production Process:A Cross‒region Empirical Study of China's High‒tech Innovations",*Technovation*,Vol.30,No.5,2010.

[139]Guellec D.," R&D and Productivity Growth",*OECD*,No.2,2002.

[140]Guo D.,Guo Y.,Jiang K.,"Government‒subsidized R&D and Firm Innovation: Evidence from China",*Research Policy*,Vol.45,No.6,2016.

[141]Hall,Bronwyn H.,Jacques Mairesse,and Pierre Mohnen,"Measuring the Returns to R&D",*Handbook of the Economics of Innovation*,Vol.2,2010.

[142]Hall R.E.,Jones C.I.," Why do Some Countries Produce So Much More Output Per Worker than Others?",*The Quarterly Journal of Economics*,Vol.114,No.1,1999.

[143]Helpman E.,*The Mystery of Economic Growth*,Harvard University Press,2009.

[144]Han J.S.," R&D Efficiency from the Perspective of RIS:Korea's Government Sponsored R&D Program",*Technology Management in the It‒Driven Services*,*IEEE*,2013.

[145]Hong J.,Feng B.,Wu Y.," Do Government Grants Promote Innovation Efficiency in China's High‒tech Industries?",*Technovation*,Vol.57,2016.

[146]Howitt P.,Mayer‒Foulkes D.,"R&D,Implementation,and Stagnation:A Schumpeterian Theory of Convergence Clubs",*Journal of Money Credit & Banking*,Vol.37,No.1,2005.

[147]Jacobsson S.,Philipson J.,"Sweden's Technological Profile:What Can R&D and Patents Tell and What Do They Fail to Tell Us?",*Technovation*,Vol.16,No.5,2016.

[148]Jerzmanowski M.,"Total Factor Productivity Differences:Appropriate Technology vs.Efficiency",*European Economic Review*,Vol.51,No.1,2007.

[149]Joe Zhu,"Quantitative Models for Performance Evaluation and Benchmarking: Data Envelopment Analysis with Spreadsheets",*Springer*,2014.

[150]Jones C.I.,Hall R.E.,"Fundamental Determinants of Output per Worker Across Countries",*Working Papers*,1998.

[151]Jones C.I.,"Time Series Tests of Endogenous Growth Models",*Quarterly Journal*

of Economics, Vol.110, No.2, 1993.

[152] Jones C. I., "R&D‑Based Models of Economic Growth", *Journal of Political Economy*, Vol.103, No.4, 1995.

[153] Jones C. I., "Sources of U.S. Economic Growth in a World of Ideas", *American Economic Review*, Vol.92, No.1, 2002.

[154] Joonkyung H. A., Howitt P., "Accounting for Trends in Productivity and R&D: A Schumpeterian Critique of Semi‑Endogenous Growth Theory", *Journal of Money Credit & Banking*, Vol.39, No.1, 2007.

[155] Junhong Bai, "On Regional Innovation Efficiency: Evidence from Panel Data of China's Different Provinces", *Regional Studies*, Vol.47, No.5, 2013.

[156] Kafouros M. I., "The Impact of the Internet on R&D Efficiency: Theory and Evidence", *Technovation*, Vol.26, No.7, 2006.

[157] Keller W., "How Trade Patterns and Technology Flows Affect Productivity Growth", *Social Science Electronic Publishing*, Vol.14, No.1, 1997.

[158] Keller W., "International Technology Diffusion", *Journal of Economic Literature*, Vol.9, No.1, 2004.

[159] Kohli U. R., "A Gross National Product Function and the Derived Demand for Imports and Supply of Exports", *Canadian Journal of Economics*, Vol.11, No.2, 1978.

[160] Krugman P., "Myth of Asia's Miracle", *The Foreign Affairs*, Vol.73, No.6, 1994.

[161] Keller W., "Are International R&D Spillovers Trade‑related? : Analyzing Spillovers Among Randomly Matched Trade Partners", *European Economic Review*, Vol. 42, No.8, 1998.

[162] Keller W., "Trade and the Transmission of Technology", *Journal of Economic Growth*, Vol.7, No.1, 2002.

[163] Keun Lee, "Making a Technological Catch‑up: Barriers and Opportunities", *Asian Journal of Technology Innovation*, Vol.13, No.2, 2005.

[164] Kumbhakar S. C., Lovell C. A. K., *Stochastic Frontier Analysis*, Cambridge University Press, 2000.

[165] Kumar S., Russell R. R., "Technological Change, Technological Catch‑up, and Capital Deepening: Relative Contributions to Growth and Convergence", *American Economic Review*, Vol.92, No.3, 2002.

[166] Kokko A., "Technology, Market Characteristics, and Spillovers", *Journal of Devel-*

opment Economics, Vol.43, No.2, 1994.

[167] Laursen K., "Revealed Comparative Advantage and the Alternatives as Measures of International Specialization", *Eurasian Business Review*, Vol.5, No.1, 2015.

[168] Lee K., Lim C., "Technological Regimes, Catching – up and Leapfrogging: Findings from the Korean Industries", *Research Policy*, Vol.30, No.3, 2001.

[169] Lee K., "Emerging Digital Technology as a Window of Opportunity and Techno- logical Leapfrogging: Catch-up in Digital TV by the Korean Firms", *International Journal of Technology Management*, Vol.29, No.1, 2005.

[170] Li S., Jahanshahloo G. R., Khodabakhshi M., "A Super – efficiency Model for Ranking Efficient Units in Data Envelopment Analysis", *Applied Mathematics & Computation*, Vol.184, No.2, 2007.

[171] Li X., "China's Regional Innovation Capacity in Transition: An Empirical Approach", *Research Policy*, Vol.38, No.2, 2009.

[172] Li Y., Chen Y., Liang L., et al., "DEA Models for Extended Two-Stage Network Structures", *Omega*, Vol.40, No.5, 2012.

[173] Li, Yongjun, Yao Chen, Liang Liang and Jianhui Xie, "Dea Models for Extended Two-Stage Network Structures", W.D.Cook and J.Zhu, *Data Envelopment Analysis: A Hand- book on the Modeling of Internal Structures and Networks*, Boston, MA: Springer U.S., 2014.

[174] Lichtenberg F. R., "International R&D Spillovers: A Comment", *European Economic Review*, Vol.42, No.8, 1998.

[175] Liu X., Buck T., "Innovation Performance and Channels for International Tech- nology Spillovers: Evidence from Chinese High-tech Industries", *Research Policy*, Vol.36, No. 3, 2016.

[176] Los B., Timmer M.P., "The Appropriate Technology Explanation of Productivity Growth Differentials: An Empirical Approach", *Journal of Development Economics*, Vol.77, No.2, 2005.

[177] Los B., Verspagen B., "R&D Spillovers and Productivity: Evidence from U.S. Manufacturing Microdata", *Empirical Economics*, Vol.25, No.1, 2000.

[178] López-Pueyo C., Barcenilla-Visús S., Sanaú J., "International R&D Spillovers and Manufacturing Productivity: A Panel Data Analysis", *Structural Change & Economic Dynamics*, Vol.19, No.2, 2008.

[179] Mathews J.A., "Strategy and the Crystal Cycle", *California Management Review*,

Vol.47,No.2,2005.

[180]Management R.T.,"The Determinants of National Innovative Capacity",*Research Policy*,Vol.31,No.6,2001.

[181]Mody A.,Sherman R.," Leapfrogging in Switching Systems",*Technological Forecasting & Social Change*,Vol.37,No.1,1990.

[182]Madsen J.B.,"Technology Spillover Through Trade and TFP Convergence:135 Years of Evidence for the OECD Countries",*Journal of International Economics*,Vol.72,No.2,2007.

[183] Madsen, J., " Timol, I. Long – Run Convergence in Manufacturing and Innovation–Based Models",*Review of Economics and Statistics*,Vol.57,No.6,2001.

[184] Mankiw N. G., Romer D., Weil D. N., " A Contribution to the Empirics of Economic Growth",*Nber Working Papers*,Vol.107,No.2,1990.

[185]Mehrabian S.,Alirezaee M.R.,Jahanshahloo G.R.,"A Complete Efficiency Ranking of Decision Making Units in Data Envelopment Analysis",*Computational Optimization & Applications*,Vol.14,No.2,1999.

[186] Nasierowski W., Arcelus F. J., " On the Efficiency of National Innovation Systems",*Socio–Economic Planning Sciences*,Vol.37,No.3,2003.

[187] Nelson R. R., Pack H., " The Asian Miracle and Modern Growth Theory", *Economic Journal*,Vol.109,No.457,1999.

[188] Org Z., *On the Mechanics of Economic Development*, Social Science Electronic Publishing,1989.

[189]OECD,*Measuring Productivity–OECD Manual*,*OECD Publishing*,2001.

[190]Psacharopoulos G., " Returns to Investment in Education:A Global Update", *World Development*,Vol.22,1994.

[191]Pakes A.,Griliches Z.,"Patents and R&D at the Firm Level:A First Report ", *Economics Letters*,Vol.5,No.4,1980.

[192]Romer P.M., " Increasing Returns and Long–Run Growth",*Journal of Political Economy*,Vol.94,No.5,1986.

[193]Romer P.M.,"Endogenous Technological Change",*Journal of Political Economy*, Vol.98,No.5,1990.

[194] Rousseau S., Rousseau R., " Data Envelopment Analysis As a Tool for Constructing Scientometric Indicators",*Scientometrics*,Vol.40,No.1,1997.

[195] Rousseau S., Rousseau R., "The Scientific Wealth of European Nations: Taking Effectiveness into Account", *Scientometrics*, Vol.42, No.1, 1998.

[196] Rousseau R., "Bibliometric and Econometric Indicators for the Evaluation of Scientific Institutions", *Ciência Da Informação*, Vol.27, No.2, 2000.

[197] Schumpeter J.A., Opie R., *The Theory of Economic Development: An Inquiry into Profits, Capital, Credit, Interest, and the Business Cycle*, Harvard University Press, Distributed in Great Britain by Oxford University Press, 1962.

[198] Segerstrom P.S., Anant T.C.A., Dinopoulos E., "A Schumpeterian Model of the Product Life Cycle", *American Economic Review*, Vol.80, No.5, 1990.

[199] Segerstrom P.S., "Endogenous Growth without Scale Effects", *American Economic Review*, Vol.88, No.5, 1998.

[200] Sharma S., Thomas V. J., "Inter - country R&D Efficiency Analysis: An Application of Data Envelopment Analysis", *Scientometrics*, Vol.76, No.3, 2008.

[201] Simar L., Wilson P. W., "Estimation and Inference in Two - stage, Semi - parametric Models of Production Processes", *Journal of Econometrics*, Vol.136, No.1, 2007.

[202] Solow R.M., "A Contribution to the Theory of Economic Growth", *Quarterly Journal of Economics*, Vol.70, No.1, 1956.

[203] Solow R.M., "Technical Change and the Aggregate Production Function", *Review of Economics & Statistics*, Vol.39, No.3, 1957.

[204] Scherer F.M., "Inter - Industry Technology Flows and Productivity Growth", *Review of Economics & Statistics*, Vol.64, No.4, 1982.

[205] Sharma S., Thomas V. J., "Inter - country R&D Efficiency Analysis: An Application of Data Envelopment Analysis", *Scientometrics*, Vol.76, No.3, 2008.

[206] Thomas V.J., Sharma S., Jain S.K., "Using Patents and Publications to Assess R&D Efficiency in the States of the USA", *World Patent Information*, Vol.33, No.1, 2011.

[207] Timmer M., *The Dynamics of Asian Manufacturing: A Comparative Perspective in the Late Twentieth Century*, Edward Elgar, 2000.

[208] Tom Broekel, "Collaboration Intensity and Regional Innovation Efficiency in Germany: A Conditional Efficiency Approach", *Industry & Innovation*, Vol.19, No.2, 2012.

[209] Tone K., "A Slacks - based Measure of Efficiency in Data Envelopment Analysis", *European Journal of Operational Research*, Vol.130, No.3, 2001.

[210] Vandenbussche J., Aghion P., Meghir C., "Growth, Distance to Frontier and

Composition of Human Capital", *Journal of Economic Growth*, Vol.11, No.2, 2006.

[211] Verspagen B., "Estimating International Technology Spillovers Using Technology Flow Matrices", *Weltwirtschaftliches Archiv*, Vol.133, No.2, 1997.

[212] Goto A., Suzuki K., "R&D Capital, Rate of Return on R&D Investment and Spillover of R&D in Japanese Manufacturing Industries", *Review of Economics & Statistics*, Vol. 71, No.4, 1989.

[213] Wang E.C., Huang W., "Relative Efficiency of R&D Activities: A Cross-country Study Accounting for Environmental Factors in the DEA Approach", *Research Policy*, Vol.36, No.2, 2007.

[214] Wang Y., Yao Y., "Sources of China's Economic Growth 1952 – 1999: Incorporating Human Capital Accumulation", *China Economic Review*, Vol.14, No.1, 2003.

[215] Wang E.C., "R&D Efficiency and Economic Performance: A Cross-country Analysis Using the Stochastic Frontier Approach", *Journal of Policy Modeling*, Vol.29, No.2, 2007.

[216] West J., Graham J.L., " A Linguistic-based Measure of Cultural Distance and Its Relationship to Managerial Values", *Management International Review*, Vol.44, No.3, 2004.

[217] Wu H., Xu.X, "Measuring the Capital of Stock in Chinese Industry", *Paper in IARIW Conference*, 2002.

[218] Xu B., Wang J., "Capital Goods Trade and R&D Spillovers in the OECD", *Canadian Journal of Economics*, Vol.32, No.5, 1999.

[219] Young A., "Gold Into Base Metals: Productivity Growth in the People's Republic of China During the Reform Period", *Journal of Political Economy*, Vol.111, No.6, 2003.

[220] Zhang A., Zhang Y., Zhao R., "A Study of the R&D Efficiency and Productivity of Chinese Firms", *Journal of Comparative Economics*, Vol.31, No.3, 2003.

后　记

本书是笔者主持的国家社会科学基金青年项目"中国与世界主要国家（地区）研发效率的比较及影响因素研究"（项目编号：14CJL041）最终研究成果。同时，本书还得到了国家自然科学基金青年项目"雾霾治理约束下中国绿色经济增长研究：基于绿色技术创新视角"（项目编号：71904045）、中国博士后科学基金"中国经济高质量发展的综合评价与路径选择"（项目编号：2018M630388）、湖北省科技厅软科学研究项目"绿色技术创新对湖北经济高质量绿色发展的作用机制和政策支撑体系研究"（项目编号：2019ADC040）的资助与支持，在此一并表示感谢。

　　本书的写作是在笔者前期出版的《中国与世界主要国家（地区）的技术差距及影响因素研究》一书和近期发表的 5 篇阶段性学术论文的基础上完成的。湖北大学商学院硕士研究生董籽珍、代兰垒、谢佳慧、余超、谢楚杰、丁一和湖北大学商学院世界经济专业博士研究生龚兆鋆、陆凯、李宝玺，在本书前期的资料整理、数据搜集、计量分析、部分内容撰写、文字校对中做了很多工作，其中具体分工如下：董籽珍（第四章）、代兰垒（第五章）、龚兆鋆（第二章、第六章、第九章）、陆凯（第八章）等人负责了部分章节的数据搜集和计量分析工作，谢佳慧、余超、谢楚杰、丁一、李宝玺负责文字校对工作，全书的执笔人为程时雄。

后　记

本书的相关资料和数据得到了国家哲学社会科学规划办、国家自然科学基金委员会、中国国家统计局、经济合作与发展组织、世界银行、复旦大学经济学院、湖北大学商学院、湖北大学开放经济研究中心等机构的大力支持和帮助。同时,特别要感谢湖北大学商学院柳剑平教授、肖德教授、喻春娇教授、彭斯达教授、陈汉林教授、冯晓华副教授和复旦大学经济学院陈诗一教授、武汉大学经济与管理学院陈继勇教授的帮助与指导,他们提出的宝贵意见对本书质量的提升有很大帮助。同时,感谢人民出版社郑海燕编审为本书出版所付出的辛勤劳动。

最后,本书的写作过程中特别要感谢我的妻子于洋女士,她的支持使得我有足够的时间进行本书的写作。同时也要感谢我刚出生的女儿程思瑾,她给我们的家庭带来了很多欢乐。最后,也要感谢我的父母和岳父岳母。对于家人,我总感觉亏欠很多,本书也凝聚着他们在背后的付出与支持,再次表示感谢。

程时雄

2020 年 3 月